東京新聞記者
望月衣塑子

元経産省官僚
古賀茂明

国難を呼ぶ男！ 安倍晋三

THE 独裁者

KKベストセラーズ

THE独裁者

はじめに

立花隆氏の「調査報道」を、長年カメラマンとして見続けてきた佐々木芳郎さんと初めてお会いしたのは、森友学園での現場取材の場面だった。知の巨人といわれる立花氏と、南米のブラジル、アルゼンチン、パラグアイと海外取材にも同行されていただけあり、カメラのアングルはここからが良い、「あそこのおじさんは、いろいろ地元の事情を知っているよ」など、次々と取材のポイントをアドバイスしてくれた。子どもの世話があり、一泊二日の超特急で取材を進めなければいけない私は、彼のアドバイスにかなり助けられた。

「一にも二にも、客観的に押さえられる証拠をどれだけ集めて提示できるか、それがポイントやで」と佐々木さんは繰り返していた。その佐々木さんにある日、声をかけられた。

「『モリ・カケ問題ってなんやった?』と、時間が経っても後から振り返れるような本を作ろうよ」

二〇一七年二月九日に朝日新聞が初めて報じて以来、森友学園・加計学園に関する疑惑が次々と噴出した。疑問が晴れないうちに、野党議員などの調査により次々と新たな資料や別の問題も折り重なるように出てきた。何が問題の本質なのかが、見えづらくなっている。佐々木さんの提案に、「ぜひやりましょう」と即答した。

東京新聞社会部に所属する私は、二〇一七年二月末以降、森友・加計学園問題の取材を続けている。六月からは菅義偉官房長官の会見にも出席し、質問を重ねるようになった。あれから一年近く経つが、疑惑解明には、ほど遠い状況にもかかわらず、逆に官邸側からは、私の質問時間や質問数は完全に制限されるようになった。一一月から開かれた国会が閉会したときも、JNNの世論調査では八割を超える人が、森友疑惑についての政府の説明に「納得いかない」と答えているにもかかわらず、状況はむしろ後退している。

友人たちからは「いつまでやるの?」「そろそろ賞味期限切れだろ」などと言われることも増え、ときに無力感に襲われるが、「だからもうこのままで良いのか?」と自分に問うとき、「いや違うよね、絶対」との内なる声が聞こえてくる。

行政の私物化が私たちの面前で、当たり前のように行われ、疑惑が噴出しても政府からは丁寧な説明はいまだ聞こえず、第三者の中立的な調査団を作る気配さえない。人事権を握られた官僚たちは、官邸の顔色ばかりをうかがい、「金額は提示したが、予定価格については言っていない」「記録も記憶もない」と驚くべき詭弁を弄し、偽りと忖度による行政が継続されているのが現状だ。

本書では、なぜこんなおかしなことが起こっているのかという素朴な問いを、読者のみなさんとともに考え、共有してみたいと思う。

今回、対談させていただいたのは古賀茂明さん。古賀さんと初めてお会いしたのは、武器輸出に関する記事でコメントを頂き、その後、『報道ステーション』で、私の記事を大きく取り上げていただいたあとだった。古賀さんは当時から繰り返し、「安倍政権は海洋軍事国家を目指している」と私に力説していた。私は武器輸出問題の取材を進めていたものの、当時、そこまでの確証を持てていなかった。あれから三年経った現在、古賀さんの発言は先見性を持っていたと感じている。安倍政権は、着々と海洋軍事国家を目指していると思う。

古賀さんは、ジャーナリストの後藤健二さんがイスラム過激派に殺害された当時、政府の外交対応を厳しく批判、「I AM NOT ABE」と、『報道ステーション』で発言、その後、番組を降板した。古賀さんは番組のなかで、非暴力非服従を貫き、イギリスから独立を達成したインドの首相ガンジーの「あなたのすることのほとんどは無意味であるが、それでもしなくてはならない。そうしたことをするのは、世界を変えるためではなく、世界によって自分が変えられないようにするためである」との言葉を残していった。以降も、政治の情勢が目まぐるしく変わっても、その立ち位置や主義主張を変えることなく、冷静冷徹に現状を分析、安倍政権の危険性を繰り返し世に問い続けている。

今回、対談したなかで、私が最も印象に残ったのは、安倍昭恵夫人の秘書役だった谷査恵子さんのことだ。キャリア官僚ではない谷氏が財務省のキャリアである国有財産審理室長と直接やりとりしていることが、いかにおかしいかを、官僚のヒエラルキーを知り尽くす古賀さんが丁寧に説明してくださった。階級差を越えて、谷氏が本省の室長とやりとりができたのは、なんといってもバックに昭恵夫人がいたからだったのでは、と強く感じた。

本書は、五つのパートに分けて議論を重ねた。

まず、ＰＡＲＴ１では「安倍政権の未来図」を大胆予測。二〇一七年一〇月の衆議院選挙の舞台裏と与党圧勝を受け、第三次安倍政権はあり得るかを考えた。このパートでは、古賀さんがある党から選挙出馬へのオファーを受けていたこともお話ししてくださった。なぜ与党圧勝を許してしまったのかを考えさせられた。

続くＰＡＲＴ２では、「森友問題とは何だったのか？」をテーマに、「閣議決定　昭恵夫人は『私人』？」、「一〇〇万円の寄付はあったのか？」などを資料と付き合わせながら論じ合った。「根拠なき値引き」（会計検査院）は、なぜ可能だったのか。

ＰＡＲＴ３は「加計学園疑惑の深層」とし、毎年、私学助成金として一〇〇億円近い税金が投入されることになった加計学園の問題を取り上げる。国家戦略特区諮問会議の議長でもある安倍首相側のお手盛りと官僚の忖度によって「加計ありき」で大学設置が決まったその過程を振り返る。「総理のご意向」を告発した文科省前事務次官の前川喜平氏、裏で取り仕切っていたと指摘される和泉洋人首相補佐官はどういう役割を果たしたのか、官僚だった古賀さんの発言は示唆に富む。

そして、ＰＡＲＴ４では「安倍政権の正体」として、マスメディア操作、アメリカや北朝鮮との外交交渉などを論じた。自民党が二〇一八年発議を目指す憲法改正や核武装論などについても考えた。安倍政権の体質が浮かび上がり、森友・加計の問題は決しておざなりにしていい問題ではなく、日本の政治構造の象徴であることが改めてわかると思う。

最後のＰＡＲＴ５は、「いま私たちに出来ること」。私たちは、「自分一人が声をあげたところで何も変わらない」と思ってしまうが、本当にそうだろうか。政府が最も恐れるのは、民意であり世論だ。まず何に疑問を持つのか、私たちひとり一人にできることを考えてみたい。

この本を読んだ方々が、古賀さんや私と一緒にいまの政治や社会への疑問を整理共有し、そこから明日を変えるための一歩に繋がるものが生まれてくれたら、これほど嬉しいことはない。出版の機会を与えてくださったＫＫベストセラーズの原田富美子さんに心より感謝いたします。

望月衣塑子

二〇一七年一二月二四日

THE 独裁者 国難を呼ぶ男！ 安倍晋三

目次

03 はじめに

PART 1 大胆予測！安倍政権の未来図 17

18 二つの既定路線 ～アベノミクスと日米関係～
バラ撒き、バラ撒きで支持率アップに邁進

21 予測① 北朝鮮 戦争が始まるとき
米空母三隻が揃うとき／開戦シミュレーションはすでに行われている／アメリカが戦争へと踏み切るとき

28 予測② 韓国 THAAD配備の撤去
韓国のTHAAD配備は一時的な措置／アメリカの北朝鮮攻撃を認める中国の条件／アメリカにとって在韓米軍はお荷物

33 予測③ アメリカ 異次元の脅威
脅かされているのは、日本ではなくアメリカだ／アメリカは日本にトリガーを引かせようとしている

39 予測④ 憲法改正 二〇一九年初夏 国民投票
改憲を国会の予定から逆算して考える

42 予測⑤ バラ撒き政治 格差対策
バラ撒き政治が始まる！／改革するヒト、安倍さん!?／政治のリソースは支持率維持のために使う／「格差」こそ、バラ撒きのターゲット

49 予測⑥ 増税 消費税増税はいつか？
消費税増税をめぐる二説

52 予測⑦ ポスト安倍 第三次安倍政権の可能性
自民党は〝安倍疲れ〟？／希望の党から打診された出馬／ポスト安倍は岸田？ 河野？ 石破？／安倍×橋下、仲が良いのは本当か？／「死んだフリ」の河野太郎

PART 2 森友問題とは何だったのか？

63

64 1分でわかる森友問題 漫画・ぼうごなつこ

66 豊中・木村議員の疑問
豊中市議会の木村真議員の疑問から発覚した森友学園問題

72 教育基本法改正と愛国精神
幼稚園で教育勅語を教えてよいか？／弁護士会も廃案を求めた、改正された教育基本法

日本会議の思想を広める人々　79
安倍首相を支える日本会議／「影の財界総理」JR東海名誉会長も日本会議メンバー

役人の「忖度」と報酬　88
役人の忖度は常に違法スレスレ／嘘答弁も、役所内では「頑張った、よくやった」でしかない

官僚と階級社会　93
古賀茂明が断言する！　昭恵夫人の関与

近畿財務局の忖度　103
短期間で消去され復元できない情報システム／「知らない」「ない」が一番の答え／陳情に行った民間人に頭を下げる役人

大阪府①　国からの圧力　111
圧力を認めた松井・橋下、両氏の計算

大阪府②　松井知事が掛けたハシゴ　116
ニワトリが先か、タマゴが先か？／大阪府が犯した、悪質な審査基準無視

大阪府③　知事と私学審議会　121
朝日のスクープで始まった森友マスコミ報道／度重なる知事と私学課の打ち合わせ／ただならぬ雰囲気だった私学審議会／役人が用意したシナリオ

森友利権に群がる人々～維新の会と藤原工業～ 131
大阪府の規制緩和の深層とは
独裁者の閣議決定 136
安倍昭恵夫人は「私人」と閣議決定
寄付金一〇〇万円授受の真偽 140
籠池氏は国会で「授受があった」と証言／昭恵夫人は「記憶がない」、のち「渡していない」と主張
安倍首相の直接関与 149
安倍首相・昭恵夫人の「疑惑の三日間」／安保法制審議中に異例の大阪入りをした安倍首相／安倍—麻生—鴻池ライン

PART 3 加計学園 疑惑の深層

159
1分でわかる加計問題 漫画・ぼうごなつこ 160
内閣官房長官という鉄壁 162
菅長官を会見で追い込んだ記者／生々しい言葉の役所文書に唖然
国家戦略特区諮問会議 168
加計は利益相反が疑われる典型例

加計学園「認可決定」は規定路線だった 174
土地代と建設費補助で一三二億円超の税金を投入／認可制から進む校舎の建設／「逃げ得」の悪しき前例／安倍首相にとって「不都合な真実」
腹心の友・加計孝太郎 184
「議事録があったら、安倍政権がふっとんじゃうよ」／父・勉氏の時代から重視してきた政界要人との交流
加計人脈① 安倍夫妻と下村元文科相夫妻 190
千葉商科大学式典の豪華な顔ぶれ／「加計さんは俺のビッグスポンサーなんだよ」
加計人脈② 内閣官房副長官・萩生田光一 196
影武者のごとく暗躍する萩生田氏／「安倍に一億ぐらい使っている」
政商・加計孝太郎による学園ビジネスの錬金術 202
アイサワ&逢沢議員ルートのお金／今治市の不可解な予算計上
総理の「ご意向メモ」はなぜ生まれたか 207
出所不明な怪文書は調査する必要はない!?／五〇年以上認められなかった事案／「文科省だけが怖じ気づいている」／「これは総理案件だ」とダメ押し指示する萩生田副長官

PART 4 安倍政権の正体 217

218 独裁と暴走① 安倍一強とメディア操作
政権に批判的な出演者を排除／メディアトップと総理の〝お食事会〟／安倍総理自らの本気の広報戦略／マスコミ対策費は一〇〇億円!? 活躍する広告代理店／ノンポリ系の一般雑誌もターゲット／また出た！「キャッチフレーズ政治」

231 独裁と暴走② 北朝鮮とJアラート
北朝鮮の脅威は安倍政権の命綱

235 独裁と暴走③ 共謀罪と特定秘密保護法
一般人が逮捕される可能性もゼロではない／特定秘密保護法の最大の効果は「責任を問われない」

241 日米外交① 親米反中の功罪
米軍と仲良くすることで本当に日本は安全になるのか!?／「中国が日本に攻めてくる」可能性

245 日米外交② 日米安全保障条約
日本は本当に「安保タダ乗り」なのか／日米安保が命綱という議論の行き着く先は

日米外交③　スノーデンが明かした対日工作　249
アメリカは「日本の裏切り」を想定している／仕込まれたマルウェア

戦争の理論　安倍政権　恐怖の三点セット　252
「攻撃される前に相手を潰せ！」／第一段階は敵基地攻撃能力

日本の軍事力　加速する日本の軍需産業　257
日本軍需企業の最前線／防空シェルターを全国に造れ／危機で煽られる軍需産業シフト／総額一九一億円のミサイル研究とは

日本国憲法　憲法改正は必要か？　265
七〇年前から一度も「変えたことがない」憲法／「自衛隊」ではなく「国際救助隊」に／昔は理想論、いまは現実的選択肢の九条／九条改正で見落とされている重要点／武装宣言は正気の沙汰か？

日本の未来　安倍首相が目指す美しい国　278
北朝鮮危機はこうやって使え／「軍事列強のリーダーになりたい」安倍首相／富国強兵、第二の明治政府を!?

PART 5
私たちにできること 285

286 日本が直面している現実① 侮れない世論の力
アメリカが気にする日本の世論／グアムへの移転を引き留めた日本の防衛省

290 日本が直面している現実② 世界のなかでの日本の位置
景気・雇用の改善は安倍政権のおかげではない／世界のモノサシで日本を見よ！／生活水準がネパール並みに下がる!?／ビジネス環境ランキング

299 望月流アドバイス 真実を探究する方法
①冷静に、証拠について考える／②ときには空気を読まない強さを持つ

304 古賀流アドバイス 個人が政治を動かす方法
①選挙には関心を持ち続ける／②信用できる人を一人か二人見つける／③話をする仲間を見つける／④経済に関心を持つ／⑤政治家に個人献金をしてみる／⑥テレビや新聞に自分の意見を言う

314 全国の主なメディアの読者対応窓口

319 さいごに

PART 1

大胆予測！安倍政権の未来図

アベノミクスと日米関係

――安倍政権のもと、二〇一八年以降、日本の政治はどのように進むのでしょうか。

二〇一七年一〇月の総選挙で決まった二つの路線

古賀茂明（以下、古賀） この選挙で与党が圧勝したことで非常に重要な二つのことが決まりました。

まず、最も大事なのは、北朝鮮危機に対して、安倍総理が主張した「対話否定、圧力一辺倒路線」「米国追随一辺倒路線」が承認されたということです。「日本がアメリカと一緒に北朝鮮と本当に戦争をする可能性を国民が認めた」と、安倍総理が主張する根拠を与えてしまったのです。野党は、憲法九条改正反対や安保法制廃止などを争点にしましたが、それによって、そんなことよりはるかに重要な「戦争するかしないか」という差し迫った争点が見えなくなっていたのです。

もう一つ決まった重要なことは、アベノミクスをこれまでどおり続けるということです。これから三年か四年は衆議院選挙をしなくても済みます。二〇一九年夏に参議院選挙はありますが、少なくともそれまでは、この二つの路線を続けることができるのです。日本の将来を変える決定的な出来事だったと言っても良いかもしれません。

バラ撒き、バラ撒きで支持率アップに邁進

望月衣塑子（以下、望月） アベノミクスは、この先どうなっていくと思われますか。

古賀 アベノミクスは、①円バラ撒きによる円安誘導で大企業に儲けさせる、②財源がなくても国債大量発行で公共事業はじめ全国へのバラ撒きを行い国民の歓心を買う、そして、③既得権益に縛られて実際は何も改革できないが、表向きには「改革、改革」と叫んで何かが変わっているという雰囲気を演出するという三本の矢で成り立っています。今後は、これを徹底して実施し、ひたすら内閣支持率の維持・上昇を狙い続けるでしょう。これこそアベノミクスの〝真骨頂〟です。しかし、その裏側を見ると、成長戦略という言葉はまったくのまやかしで、日本の産業が本当に復活するような画は何もありません。

先の衆議院選挙で本当に象徴的だったのは、J-ファイルという四百数十項目もある自民党の公約に、電気自動車（ＥＶ）のことがひと言も書かれていなかったことです。水素

自動車のことは書いてありますけど。いまや、マスコミでも「ＥＶ革命」という言葉を見ない日はないくらい世界情勢は変わっているのにもかかわらず、ですよ。二〇一六年の参議院選挙の公約をそのままコピーしただけのものでした。

憲法改正のためには、まず経済で国民を満足させて支持率を維持したい。そのために、最も手っ取り早いのがバラ撒きだという確信犯で、その先日本の経済をどうするのかということは何も考えていない。このままでは、これまで同様、世界での日本の地位がますます下がっていきますよ、ということです。その先には経済破綻か、あるいは運よく破綻ということにならなくても、世界のなかで確実に貧しい国に落ちて行くでしょう。仮に北朝鮮との間に戦争が起きなくても、まったく別の形で、日本の国民は大変な災いに遭遇することになるのです。これが日本にとっての最大の危機だと私は思っています。

予測① 北朝鮮

戦争が始まるとき

――安倍政権のもと、二〇一八年以降、北朝鮮との関係はどうなっていくのでしょうか。

米空母三隻が揃うとき

望月　米原子力空母、「ロナルド・レーガン」「ニミッツ」「セオドア・ルーズベルト」の三隻が、昨年一一月に朝鮮半島近海に集まりました。うち二隻は、たまたまペルシャ湾へ行く途中だという説明でした。そして海上自衛隊の護衛艦三隻も集まって、共同訓練を行ったということがその後、明らかにされました。

核ミサイル挑発の抑止が目的だったということで、いまはすでに、朝鮮半島を離れていますが……。軍事に詳しい人によると、空母が三隻も集まって空爆をやらなかったことはこのとき以外にはなかったといいます。

古賀　アメリカはいつか北朝鮮を滅ぼそうと考えていると信じている金正恩《キムジョンウン》から見れば、これは相当なプレッシャーになったでしょうね。

望月　ここで、一番にチェックしておかなければならないのは、半島からの邦人退避のスケジュールです。そこから、だいたいのタイムリミットが見てとれます。

富士山会合の小野寺《おのでら》五典《いつのり》防衛大臣の発言や、ハーバート・マクマスター米国家安全保障問題担当大統領補佐官の、「残された時間はなくなりつつある」という発言も、それぞれが、おそらくある程度の時間的なスケジュールを共有して発信をしているはずです。

©Yoshiro Sasaki 2018

開戦シミュレーションはすでに行われている

望月　事態は明らかに有事を想定した方向に進んでいます。もう、すでに、どういうときに敵基地攻撃をするかというシナリオを、日米韓で描き始めていると聞いています。何かをきっかけに北朝鮮情勢は一触即発状態になり、戦争が始まるという何パターンかのシナリオも確立しているのではないかと思います。官邸は、北朝鮮と戦争になった場合の被害のシミュレーションの数値について、その存在さえも明らかにしようとはしていませんが。

古賀　日本はいつも受け身です。米国から協力要請があったときに即応できるようにしなければならないという発想でしょう。だから、要請されそうなことを想定してしっかりシミュレーションをする。そのとき、現場では「できません」という選択肢は考えない。そんなことを言ったら米軍に怒られますからね。いまはそうした段階から一歩進んで、日米韓の軍事関係者が集まってみんなでシミュレーションをやるというところまで進んでいると聞きました。

ここで大事なことは、戦争するという決断がなくても、そのための準備はどんどん進んでしまい、「戦争してうまく行くか？」と聞かれたら、「こういうシミュレーションによれば何とかできます」という答えが用意されてしまうということです。戦争に一歩一歩近づいているんです。

望月　先のミサイル発射のときも、燃料を注入しているところを、何時間も前から確認はできていたという話が出ています。では、核弾頭を積んでいるか否かは、どのように確認するのかというと、結局、アメリカの軍事偵察衛星からの情報や、忍ばせているだろうスパイ情報などに頼らなければならないということです。そのような情報が必ずしも正しいとは限らない。イラク戦争のときのように、〝あいつ〟を打ちのめすために、何もなくても、「核を搭載しています」ということにする可能性はあると思いますね。

要するに、戦争は結果として、政府の都合の良い方向に意図的に作られていく可能性があるのではないかという疑念が拭えません。

アメリカが戦争へと踏み切るとき

望月　さらに、韓国の国家情報院の情報によると、このところ北朝鮮のミサイル関連施設の動きは活発化している。実際、二〇一七年一一月二九日に新型の大陸間弾道ミサイル「火星15」を打ち上げ、飛行距離をさらに伸ばして来ました。完全にアメリカ本土が射程内に入ったとしています。北朝鮮は「軍備、軍事技術の拡大によってこそ、自国を主権国家たらしめ、アメリカに物言える国になる」という意識が強く、軍拡を止める気がないことは明らかです。

古賀　北朝鮮にしてみれば、単純に、いままでの弾道ミサイル発射実験でも、自分たちのメッセージはまだ届いていないと考えていることでしょう。

望月　戦争をやるかやらないか、最終的な鍵は中国だといわれています。トランプ大統領が中国を訪問しましたよね。このとき、中国が限定的に、この場所ならいいとか、承諾をしている可能性があります。そうであれば、アメリカはたぶん踏み切る……。

しかし、そんなアメリカでも肯定的評価をすべき部分があります。彼らは確かに、戦争も仕掛けますが、そのときには「最大二五〇〇万人に被害が出ます」と、いまから言っている点です。犠牲がこれだけ出るけれども、いまやらなくてはいけないのだと、一応、オープンにして伝えています。

日本政府には、絶対そういうことはできません。たとえ死者が一人であっても、「一」と数字を出しただけで大騒ぎになると思っていますから、まして三〇万や四〇万、もしくは三〇〇万とか四〇〇万人、といったような数字は決して出せませんよね。ここがアメリカとの決定的な違いです。だから、記者会見で質問されても、「答えられない」になってしまう。

古賀　原発の避難訓練ができなかったのと同じですよ。不都合な真実が隠されているところでは、そこに近寄らずに逃げる。これが日本政府の鉄則です。「答えられない」と回答が逸らされたところに真実があると思ったほうがいい。

アメリカ議会調査局レポートの被害想定

「朝鮮半島の軍事紛争の拡大は、非武装地帯の両側に住む二五〇〇万人以上に被害を及ぼす可能性がある。この中には一〇万人から最大五〇万人のアメリカ国民が含まれる。北朝鮮の砲兵がソウルで一分間に一万回の砲撃を行うことができると考えられるならば、戦闘開始から数日で三万〜三〇万人の死者が出る。

北朝鮮は弾道ミサイルで日本を攻撃する可能性がある。日本は人口密度が高く、都市部に人口が集中し、首都圏だけで約三八〇〇万人の人口を抱えている。北朝鮮は、一九一〇年から一九四五年にかけての朝鮮併合による、日本に対する歴史的敵意によって、このような攻撃を正当なものと思っているだろう。もしくは、日本列島に駐留する米軍の資産を叩くためにミサイルを発射する可能性もある。さらに深く計画が練られているとしたら、北朝鮮は、米軍と韓国軍による軍事行動を抑止するために、最初に核兵器で日本（または韓国）の米軍基地を攻撃する可能性がある。

ジェームズ・マティス国防長官は、朝鮮半島での緊張についてのコメントで、米国は北朝鮮に対する戦闘で勝つ可能性が高いとしているが、おそらく誰も経験したことのない最悪の戦闘になるだろうと述べた。おそらく人命の問題は、朝鮮半島における軍事作戦の追求に複雑な要因をもたらす。そこに駐留している米軍の家族を含むアメリカの非戦闘員の退避作戦は、アメリカ本土からの増援に混乱をもたらし、米軍の能力をさらに損なう可能性がある。医療施設は、生物兵器や核兵器、化学物質に暴露された民間人の被害者への対応で圧倒される可能性がある」

（アメリカ議会調査局「北朝鮮の核挑発：議会への軍事的選択肢と提言」一八、一九ページ。二〇一七年一〇月二七日）

予測② 韓国

THAAD配備の撤去

【THAAD】 終末高高度防衛ミサイル（Terminal High Altitude Area Defense missile）。米軍が開発した最新鋭のミサイル防衛システム。従来の、短距離弾道ミサイルの迎撃に適しているシステム「パトリオット」は、弾道ミサイルの終末段階である上空二〇～四〇キロの低い高度で撃ち落とすことを想定。より高速で落下してくる中距離弾道ミサイルによる迎撃は難しく、また撃破した場合の地上への影響も大きくなる。THAADは地上四〇～一五〇キロメートル（宇宙高度）において迎撃を行うことで、敵国のミサイル攻撃を、より効果的に確実に防ぐ役割を担う。

――北朝鮮への「対話と圧力」をめぐるニュースが毎日、報道されています。北朝鮮に対する側の意思統一は、どの程度、できていると思われますか。

韓国のTHAAD配備は一時的な措置

古賀　二〇一七年秋のトランプ大統領のアジア歴訪のポイントは、アメリカと日本、中国、韓国の連携強化と打ち合わせということだったのでしょうが、韓国はそれに対し事前に意思表示をしてしまいました。

文在寅《ムンジェイン》大統領が、日米韓の協力は軍事同盟に深化はさせないと宣言しています。また、中国が自国領土内まで対象にされる恐れがあるとして強硬に設置に反対している終末高高度防衛ミサイル（ＴＨＡＡＤ）についても、韓国政府は中国に配慮し、昨年一〇月末に、その追加配備はしないと約束しました。

望月　文大統領はＴＨＡＡＤを設置するときに、これは一時的な措置だとも言っています。でも、もしＴＨＡＡＤを撤去すると言ったら、アメリカは怒りますよね。

古賀　もちろん勝手にそんなことを言ったら、怒るでしょう。それでも韓国人は、アメリカと日本がバカな戦争を勝手に始めるのではないかと、ものすごく疑心暗鬼になっていて、トランプ大統領の歴訪に関しても「北朝鮮を刺激するような、変なことを言うなよ」というのが最大の関心事だったようです。ソウルは左右両派のデモで、すごかったですね。

ただし、一番重要な米中首脳会談で朝鮮半島情勢について何らかの取引をした可能性が高くて、韓国がＴＨＡＡＤ追加配備しないと中国に約束したのも、もしかするとアメリカの了解を取っていた可能性があります。

アメリカの北朝鮮攻撃を認める中国の条件

望月　中国は、アメリカの北朝鮮攻撃の際に、一つは難民が来たら困ること、もう一つは、北朝鮮をアメリカの影響下に置くのではという、この二点を問題にしています。
　そこでいま言われているのが、中朝国境沿いの北朝鮮側に中国が軍を出して、そこに難民キャンプをつくる。難民が来れば、食べ物も服も全部提供する。その資金は全部日本が出す。中国は、それを条件に、アメリカの北朝鮮攻撃を認める。その代わり、在韓米軍の縮小と、ＴＨＡＡＤ配備を撤回するという案です。中国はそれを呑むという話があります。だから、韓国がＴＨＡＡＤ追加配備を止めると言ったことは、実は、もう取引ができているという推測も成り立ちます。

アメリカにとって在韓米軍はお荷物

古賀　そういう米中密約説は、二〇一七年から中国専門家の間でささやかれています。さらに韓国で言われているのは、在韓米軍がアメリカにとって、大変なお荷物になっているという推測です。韓国内にはまだ米軍が相当数展開していますが、北朝鮮と武力衝突になれば、二〇一七年一〇月末にアメリカ議会調査局のレポートに載った推計のように、最初の段階で双方に相当な被害が出る。つまり在韓米軍は人質であり、そのために、北朝鮮を攻撃できない、足手まといだとアメリカは考えているのではないか。そう、韓国は見ています。

望月　アメリカは在韓米軍を早く半島の外に出したいということですか。

太永浩《テヨンホ》というイギリス駐在の北朝鮮公使が亡命して、二〇一七年一一月一日にアメリカの下院の公聴会で証言しました。核とミサイルの開発が完了すれば、アメリカとの直接協議に入り、在韓米軍完全撤退を要求する。その先には、韓国の体制を崩壊させる、と。

まあ、亡命しているとなると、その裏にはＣＩＡなどが絡んでいるから、もしかして若干言わされているところもあるかなとも推測できますが。

古賀　どちらにしても、韓国はアメリカに見捨てられるのではと、すごく疑心暗鬼に陥っているでしょう。

望月　二〇一七年一二月には、小野寺防衛相が戦闘機用の長距離巡航ミサイルの導入に向けた予算を要求すると発表。ロッキード・マーティン社が開発した九〇〇キロ以上飛ぶ長距離亜音速巡航ミサイルＪＡＳＳＭ（Joint Air-to-Surface Standoff Missile）などを購入する。ＪＡＳＳＭは一発一億六〇〇〇万円ともいわれ、中東での紛争で多用されているものです。

「専守防衛に反しない」との小野寺氏の言い分は、まさに空文句そのものです。同時に、防衛省は護衛艦「いずも」を空母に改修し、歴代内閣の「攻撃型空母を自衛隊が保有するのは許されない」との答弁を否定する方向に、舵を大きく切りました。日本は戦える国へと、どんどん変質しているのです。

予測③　アメリカ

異次元の脅威

【領空】　領土、領海の上空を意味する。しかし、宇宙空間の領有は国連の宇宙条約で認められていないので、これを除く。宇宙空間の定義は明確ではないが、慣習として高度約一〇〇キロメートル以上が使われている。

——アメリカは本当のところ、北朝鮮の脅威をどのように見ているのでしょうか。そのうえで、日本に何を求めているのでしょうか。

脅かされているのは、日本ではなくアメリカだ

望月　エドワード・ルトワックという、トランプ大統領の補佐人である、アメリカの戦略研究家がいます。この人が一〇月末、フジテレビの『新報道2001』のインタビューに答えて、アメリカが、いくつもの軍事オプションの準備が整っていることを示唆しているのは、つまり「いくつも軍事オプションがあるが、現状ではやりませんよ」という意思表示です。

「だけど、あなたたちも、わかっているように、一年か一年半後には、北朝鮮は確実に大陸間弾道ミサイル（ＩＣＢＭ）と核弾頭の開発を完了させる。そのときには、もうまさにそれを使って日本が脅かされかねないですよ」と、いう趣旨の発言をしています。

本当は、脅かされているのはアメリカです。でも、彼は、「私たち（アメリカ）は、（いまは）何もしません。ただ、一年後、一年半後に脅かされるのは日本ですよ。だから、日本が、いま何をするかを決めるときです」と詰め寄っているのです。

この人は、小池《こいけ》百合子《ゆりこ》都知事とも会談しているし、安倍首相とも個別会談をしています。日本の政治の中枢にいる人たちがこのような人に焚きつけられているのかと思うと暗澹とします。

エドワード・ルトワック

一九四二年、ルーマニア生まれのユダヤ系アメリカ人。ロンドン大学、ジョンズ・ホプキンス大学に学ぶ。戦略家、歴史家、経済学者。米国防省の官僚や軍のアドバイザー、国家安全保障会議のメンバーなど軍事アドバイザーとしても有名。トランプ大統領当選後の政権移行チームにも参加。現在、戦略国際問題研究所（ＣＳＩＳ）上級アドバイザー。国力（パワー）を対外強硬路線として使う国は、周辺国の敵対的な反応を発生させることで、影響力（ソフト・パワー）を破壊してしまい、国家全体のパワーを損なう、という戦略のパラドックスを主張している。特に中国の台頭に批判的。近著『戦争にチャンスを与えよ』のなかで、安倍首相との会談に触れ、「稀代の戦略家」とほめちぎっている。

アメリカは日本にトリガーを引かせようとしている

古賀　異次元の脅威というのは、アメリカにとっての脅威です。

北朝鮮から日本に向けたミサイルはずっと前から数百基設置されているといわれていて、ＩＣＢＭが開発されても直接の脅威が増すわけではありません。また核弾頭がなくても日本の原発をミサイルで破壊すれば核爆弾と同じ効果が得られるので、核の脅威もずっと前から存在しているのです。

これまでアメリカは、北朝鮮のミサイルは米本土まで届かないから自国がやられる心配はないと思ってきたが、今後は直接自分たちが核の脅威にさらされることになる。だから、アメリカにとっては異次元の脅威になるわけですよね。

我々はいま、北朝鮮危機は、アメリカにとっての危機だということに気づかなければなりません。少なくとも北朝鮮には、日本を占領しようという意図はありません。なぜ、いま北朝鮮との関係で日本が危ないのかといえば、アメリカが自国の脅威に対応するために北朝鮮を攻撃するかもしれない、そして、それに日本が協力すれば、北朝鮮の報復攻撃を受けるかもしれないという意味での危機なのです。ところが、日本人は錯覚に陥っています。いつも、何か北朝鮮が日本を攻めようとしている、というところから話が始まっています。だから、アメリカに守ってもらう必要がある。したがって、アメリカの言うことを聞かなければならない。そう考えているのではないでしょうか。この考えに支配されていると、日本は本当に危ないと思いますよ。

ちなみに、日本は、アメリカに見捨てられるかもしれないという意味での新たな脅威があるという見方があります。北朝鮮が日本を攻撃するときに、アメリカが日本を援けると、北朝鮮にはアメリカを攻撃する理由ができます。アメリカは自らへの攻撃を回避するために、「日本を見捨てる」という選択肢が出てきたという脅威です。しかし、これも、その始まりである「北朝鮮が、日本を攻撃してくる」という想定の段階で先ほど言った錯覚に支配されている考え方ですよね。

望月　昨年九月一六日に北朝鮮が北海道の東側の太平洋に向け、ミサイルの発射を行ったとき、報道された政府発表が、「日本の領域を通過しました」という表現でした。「領域」というのは、領土、領海、領空のこと。つまりこの場合、領空を通過したという意味になります。しかし、弾道ミサイルが通過するのは大気圏外、宇宙空間です。領空とは認められていいないところなのです。

このことは、一度、石破茂氏《いしばししげる》が抗議して、自民党内の会議で政府は謝罪したことがあります。北朝鮮のミサイルは、たぶん、これまで一度も日本の領土、領海、領空には入っていないはずです。

そういうところに私は、政府が意図的に日本に対する脅威を煽っていると感じるのです。北朝鮮は日本を攻撃してくるぞという錯覚を与えているわけです。

いま北朝鮮から見れば、彼らが本当に威嚇しているアメリカと日本は一体化しているように見えるでしょう。グアム周辺にミサイルを飛ばす計画を発表したときも、「山口、広島」などの地名が挙がっていました。これはつまり、日本は〝トランプのお尻をなめている〟と、そのぐらいに北朝鮮に見られているということなのです。

古賀　日本がミサイルを迎撃すれば、北朝鮮から見れば、日本が先に軍事行動を行った、つまり攻撃を加えたということになるわけですよ。北朝鮮が「これで戦争状態だ」と宣言をしたら、アメリカは、同盟国の日本がやられるから俺たちは守りに行くと、軍事行動の正当な理由を得ることができます。もちろん、日本を守るための戦争だということになれば、「まずは自衛隊が最前線に立て」、「米軍の戦争費用はすべて日本が持て」ということになるわけです。本当はアメリカのための戦争なのに。

二〇一七年の秋、トランプ大統領が、北朝鮮のミサイルが日本上空を通過したのに日本が迎撃しなかったことに不満を漏らしたというニュースが流れました。「〝サムライの国〟なのに腰抜けだな」ということではないかと、面白おかしく取り上げる向きもありました。しかし私は、何とか日本に戦争の引き金を引かせて、北朝鮮と日本の間に戦争が起きたという形を作りたいという、トランプ大統領の願望が現れたものだと思いました。

望月　今度、北朝鮮がミサイルを発射して日本上空を飛んだとき、日本は撃ち落とすポーズをとる可能性がありますね。領土、領海、領空に入ったわけではなくとも。こうやって、戦争が本当につくられていくのかもしれません。

安倍さんは、自分は踊らされている役まわりだと気づかないのでしょうか。

古賀　安倍さんのなかでは、踊らされているのではなく、むしろ自分が主導している！　と思っていますよ、きっと。

望月　安倍さんと親しかった関係者から、「九条万歳とか言って、どこか日本人は平和ボケしている」という趣旨の話をよく総理がしていたと聞きました。

古賀　そういう意識だから、戦争が起こること自体に拒否感がなさそうですよね。

望月　自分には絶対危険がおよびませんからね。防衛省からは、官邸と公邸だけはミサイル防御は完璧だと聞きますし。

古賀　たぶん、ミサイルが飛んできたら、安倍政権はこういうでしょうね。「ほらね、われわれが言ったとおりだ」と。自分で呼び込んでおきながら。

予測④　憲法改正

二〇一九年初夏 国民投票

――自民過半数となったいま、いよいよ憲法改正でしょうか。

改憲を国会の予定から逆算して考える

古賀　政府の改憲への動きは、国会のスケジュールや改正の手続きを合わせて考えると見えてきます。改憲にあたって最後に行われる国民投票を、いつに持っていくかということから逆算していけばいいのです。

望月　いま一番いわれているのは、参議院選挙との同時投票の可能性が高いということ。確か、「国民投票は、国会が憲法改正を発議してから六〇日から一八〇日以内に実施しなくてはいけない」というルールでしたね。次の参議院選挙が二〇一九年七月だから、そこから逆算すると、発議は一八〇日前の二〇一九年一月から、遅くても六〇日前の五月ということになりますね。

では、二〇一八年はその下準備ですね。改憲してもいいよという空気をつくって、万全の体制を整えておく。

古賀　二〇一八年の通常国会は、年始から三月までは予算について審議しています。改憲は、四月以降から本格的に議論が始まることになりそうですね。その後、議論しつくされていなくとも、ほぼ、これでいきますよということになる。そして正式な発議は、二〇一九年通常国会で予算が終わった四月のどこかでやって、二～三カ月置いて、七月に参議院選挙と同時投票というのが安倍政権の計画というわけです。

国会の召集と会期		
種類	召集	会期
常会	毎年1回、1月中	150日まで（延長1回まで）
臨時会	1.内閣の必要に基づく場合	両議院一致の議決による（延長2回まで）
	2.いずれかの議院の総議員の4分の1以上の要求	
	3.衆議院議員の任期満了による総選挙、参議院議員の通常選挙後	
特別会	衆議院の解散による総選挙後	

衆議院HPをもとに作成

想定される2019年改憲日程		
2019. 1月	通常国会開催、1月中に召集	発議は国民投票の60日～180日前
2019. 2月		
2019. 3月		
2019. 4月	改憲発議	
2019. 5月		
2019. 6月		
2019. 7月	参議院選挙と国民投票	

憲法改正の手続き

日本国憲法第九六条「一、この憲法の改正は、各議院の総議員の三分の二以上の賛成で、国会が、これを発議し、国民に提案してその承認を経なければならない。この承認には、特別の国民投票又は国会の定める選挙の際行われる投票において、その過半数の賛成を必要とする。二、憲法改正について前項の承認を経たときは、天皇は、国民の名で、この憲法と一体を成すものとして、直ちにこれを公布する」

国民投票：投票権は、年齢満一八歳以上の日本国民が有する（ただし、投票日が二〇一八年（平成三〇）六月二〇日までの国民投票においては年齢満二〇歳以上）。

国会議員により憲法改正案の原案が提案され、衆参各議院においてそれぞれ憲法審査会で審査されたのちに、本会議に付される。両院それぞれの本会議にて三分の二以上の賛成で可決した場合、国会が憲法改正の発議を行い、国民に提案したものとされる。憲法改正の発議をした日から起算して六〇日以後一八〇日以内において、国会の議決した期日に国民投票が行われる。憲法改正案に対する賛成の投票の数が投票総数（賛成の投票数と反対の投票数を合計した数）の二分の一を超えた場合は、国民の承認があったものとなる。憲法改正案は内容において関連する事項ごとに提案され、それぞれの改正案ごとに一人一票を投じる。

（総務省ＨＰより）

格差対策

――そう思ってみたら、来年は改憲に持っていくための手段を、どんどん投げてくる年と思えばよいですね。

バラ撒き政治が始まる！

古賀　ただ、私は、安倍政権は、改憲を主たるテーマにしては動かない、と見ています。そのことは隠しながら、「アベノミクスで、皆さんの生活が良くなっていきます」と、キャンペーンをやるために、桁違いのバラ撒きをやるのではないかという気がしています。

昨年大々的に宣伝された働き方改革も、政府が一声、口にしたら、いままであれだけ動かなかった企業もやらざるを得なくなりました。

電通がブラック企業として責任者が捕まった、ということは案外大きな意味があります。自民党の仲間だと思っていた電通でもやられたと、企業側は以前にも増して安倍政権の顔色をうかがうことになりました。一般サラリーマンには、「安倍さんががんばってくれているな」と印象づけて、全体として内閣支持率を上げていく要素になります。二重の意味で、いいアピールをしたわけです。

望月 特に、若い人たちは、自分たちは貰えるものを貰えていなかったから、良い事例ができたと思っています。

古賀 いまのペースで行くと、二〇一九年一〇月には東京都の最低賃金が一時間一〇〇〇円に上がることになります。その前に、たぶん参議院選と憲法改正の国民投票が行われる前の五月ぐらいには国全体の最低賃金引上げの方針が発表されて、「いよいよ東京で時給一〇〇〇円が実現します」みたいなのが見出しになるでしょう。

改革するヒト、安倍さん!?

望月 今回の衆議院選挙の結果と有権者の投票行動の分析で、若者は、安倍自民党、それに維新と希望が改革派だというイメージを持っているという結果が出ました。戦後の日本政治では、自民が保守・タカ派vs.野党が革新・リベラル、という構図が常識だったと思うのですが、何か変わったのでしょうか。

古賀 日本では、外交、安全保障、それに関連して憲法に対する姿勢が重要視されて、保守、リベラルという区分けになったと思います。

さらに、基本的に自民党というものがずっと政権を運営しているという前提があって、自民党がやっていることに反対している立場が全部、リベラル、反保守、革新というふうになったんじゃないでしょうか。その言葉のなかには多様な意味が含まれていて、人によっても定義が違います。あまり「リベラルか、リベラルじゃないか」ということを言っても意味がありません。

いまのまま進んでいくのがよいと思っている人たちが、自民党を基本的に支持するわけです。その若者から見たいまのままの路線というのは、一つは中国や北朝鮮の脅威に対してしっかり軍事的な備えをして、妥協しないで強気でやっていく路線です。これはいわゆる昔流の保守層が考える外交・安全保障の保守派になるのですが、若者から見れば、むしろ新しいという捉え方になっていると思います。そして、若者から見たいまのままの路線のもう一つの意味は、経済や制度を変えるという、安倍政権が表向き唱えている改革派の路線です。

望月　変えるということがものすごく必要だと思っている人は、年代を問わず多いはずです。現状に不満を持っていれば、何か変えないといけないと思いますよね。人それぞれ「変える」中身は違うけれども、それを改革というのであれば賛成となるわけですね。

古賀　たとえば規制緩和をしましょうというと、そこに既得権を持っている人たちはもちろん反対。また、そうでない人たちも、規制緩和という言葉には、競争激化とか負け組になったらどうしよう、といった恐怖感から反対する人が多いのもまた現実ですよね。現に、競争に負けて悲惨な目に遭っている人もいます。格差は拡大しているし。日本の場合、何となく優しい政治だと思われているけれども、実際の社会は、負け組に対して決して温かくないですよ。

政治のリソースは支持率維持のために使う

望月 確かに。サラリーマン社会で、一度ルートから外れたら、戻ることはかなり難しい……。

古賀 改革といっても、若者を除くと結局、そこを不安に思っている人が多いのです。だから、その対策としてバラ撒き政策を、ということになるわけです。

いま安倍さんが考えているのは、政治的リソースを、とにかく改憲や戦争できる国づくりのために使うこと。リソースを維持するために、バラ撒きでとりあえず繋いでいくということです。国民のためを考えているわけでは決してありません。

望月 若い世代が自民党、維新や希望の党のことを「リベラル」と言うのは、彼らの価値観に、意外に近いからかもしれません。たとえば、安倍政権の憲法第二四条の改正議論を見ると、戦前のような、家族を主体とし、倫理とか道徳を重んじる社会と、まさに昔の価値観に戻るような感じだと思います。
最近、大学の先生と話していたら、「いまの若い世代は、そういうもので何が悪いという感覚だ」ということでした。どうやら彼らは、パッと聞いたときに、「でも、家族っていいよね」「昔の日本的な価値って大切だよね」みたいに思うようです。安倍内閣の昔に戻ろうとする動きは、若者の感覚と一致するんでしょうか。

古賀 若い世代が求めるものは、達成感より安息感ということなのかもしれませんね。

望月 非正規で不安定な社会環境のなか、とりあえず安定的な状況をつくるには家族が周りにいること……。自由を謳歌しているだけじゃ成り立たないと。

古賀 でも、そんなに弱々しい感じばかりではないようにも思います。むしろ、安倍政権になって「本当に私たちが活躍できる時代が来たのかも」、といった感じではないでしょうか。事実、失業率は下がり、有効求人倍率も上がりました。勤め先はあるし、バイト代も上がった。賃金も上げろ、上げろと安倍さんが言ってくれている。しかも、そうしたら、名目だけではありますが、実際にちょっと上がった。それが評価のすべてということかもしれません。
私たちが二〇代、三〇代だった昔は、給料も自動的に上がっていきました。でも、この二〇年ぐらいは、基本的にそうした右肩上がりはありません。「久々の明るい状況」が、安倍自民党を「改革派」に押し上げたのでしょう。

「格差」こそ、バラ撒きのターゲット

望月　具体的に、バラ撒きはどのような形で行われるのでしょうか。

古賀　いま、反安倍のキーワードは、「格差」なんですよ。「安倍内閣のせいで、こんなに格差が開いてしまった」ということがずっと言われ続けています。安倍政権から見るとこれを逆手にとって、その格差と言われている部分を、手厚く自民党がケアしていることを見せていけばよいわけです。特に、野党が子育て・教育支援を強調したので、それをパクって、「人づくり改革」の柱として、若者や子育て世代向け対策をブチ上げました。自民党は高齢者のことばかり優遇していると言われていますから、「いやいや、そうじゃありませんよ」ということを示すわけです。三歳から五歳の幼児教育無償化とか、ゼロ歳から二歳児も、低所得世帯向けには無償化していこうとか、高等教育では高校の無償化とか、いろいろなものをやって、若い人たちに実感してもらおうとしています。

東京都の最低賃金は、二〇一七年一〇月一日に月額九五八円に引き上げられました。上げ幅は二六円でした。二〇一八年もたぶん上げます。若者には非正規やアルバイトで働いている人が多いから、その人たちにしてみると、一〇円、二〇円上がっても、すごく実感しやすい政策になります。

では、それで高齢者を見捨てるのか――。高齢者向けも、たぶん、何かというとバラ撒きを行っていくと思います。たとえば年金が少ない人に一万円あげます、などといった政策を次の参議院選挙に向けてしていくはずです。

それから、東京と地方の格差も問題視されていますから、これも対象になるでしょう。これには、農業予算と公共事業のバラ撒きの二つがあります。農業はＴＰＰ対応ということで二回も予算を取りました。総額六五〇〇億円以上です。本当はその予算だけでもやり過ぎなのです。ＴＰＰが頓挫し、いまはＴＰＰ11を目指していますが、アメリカが抜けて状況は大きく変わりました。にもかかわらず日本政府は、いまのところべつに撤回もしておらず、多くがそのまま基金で残っていて財源はあるわけです。今度は、ＥＵとのＥＰＡ（経済連携協定）が大筋合意になったので、その対策という名目で、また農業予算三〇〇〇億円のバラ撒きが予想されています。また、いま公共事業は、二〇二〇年のオリンピック開催に向けて、東京一極集中を逆に加速してしまっています。地方への予算配分を戻すことが必要となってきます。二〇一八年度は、地方交付税の配分ルールを変えて、東京都などの都会から地方に大幅に財源を移転しました。小池知事への嫌がらせだなどと報じられていますが、そうではなくて、地方への選挙対策だと考えるべきでしょう。さらに、北朝鮮危機対策として、地下シェルターを全国に造るという話が現実のものとなっています。これだと、どこにでもバラ撒ける。いくらお金があっても足りませんね。

予測⑥　増税

消費税増税はいつか？

――さて、二〇一九年一〇月まで再延期された消費税増税。今度こそ、あるのでしょうか？　それとも再び延期されるのでしょうか？

消費税増税をめぐる二説

望月　先の第四八回衆議院議員総選挙で、焦点の一つは消費税でした。与党の自民党は増税に賛成、野党は反対という構図でした。自民大勝の結果から考えると、増税となります。

古賀　消費税の増税には二説あります。反安倍側の人がよく言っている、三回目の消費税増税延期説というのが結構あります。安倍政権は、二〇一九年七月の参議院選挙に照準を合わせて、憲法改正の国民投票も一緒にやろうとしている。一方、いまの予定だと消費税増税は二〇一九年一〇月。選挙直前の増税はまずいから、また延期するということです。

ただ、私は、それはやらないだろうと思っています。延期しないで上げる方が選挙に有利だからです。なぜかというと、消費税の増税を決めるのは、もっとずっと前の二〇一八年一二月ですよ。そうしないと二〇一九年度の税収が確定せず、予算が決められないからです。
前回、二〇一四年に延期を決めたときは、延期するから国民に信を問うと言って解散しました。それなら、二〇一八年に延期を決めるとき、衆議院解散・総選挙をしないのかという話になるわけです。それに三回目の延期となれば、何かリーマンショックのような経済的な変動があれば別ですが、そうしたことでなくまた延期したら、「また上げられないのか、結局、アベノミクスは失敗しているから上げられないんだ」という評価になってしまうでしょう。

望月　しかし、安倍内閣は支持率をとにかく気にする内閣です。延期で支持率向上を図ろうとしないでしょうか。

古賀　二〇一八年一二月に消費税増税を延期しますと言って人気取りをしても、その効果はたぶん二〇一九年夏まではもちません。逆に、予定どおり引き上げを行うと、二〇一九年一〇月の増税前の七～九月は、駆け込み需要でとにかく景気は良くなります。前回、二〇一四年四月に八％に上げたときも、直前は、住宅が売れるし、自動車や家電も売れるで、とにかくすごかったことが思い出されます。今回の場合はさらに、オリンピック前で、そもそも景気は上向いているはずです。それが統計に毎月出てくるなかで、「こんなに絶好調です。アベノミクスの成果が出て、消費税を増税しても大丈夫な経済になっています」みたいな大宣伝をして、たぶん消費税増税をするだろうと思います。

望月　いずれにせよ、二〇一九年夏の参議院選挙と憲法改正国民投票を目指して、そこまではひたすらバラ撒きをやる、ということは間違いなさそうですね。

©Yoshiro Sasaki 2018

第三次安倍政権の可能性

【自由民主党総裁選】　出馬するためには、かつては党に所属している国会議員三〇名以上の推薦が必要であった。現在は、二〇名が要件とされる。総裁選挙は二種類で、党大会による総裁選挙と、両院議員総会による総裁選挙がある。党員の投票は、都道府県連ごとにまとめられる。それぞれの都道府県の持ち票は三票。国会議員は各一票を持つ。総裁に選ばれるには、有効投票の過半数が必要となる。また、一度目の投票で過半数を得た人がいない場合は、上位二名で決戦投票が行われ、そこでより多く票を得た方が総裁となる。

――今回の衆議院選挙の前と後の安倍政権は何が一番変わりましたか。

自民党は〝安倍疲れ〟?

望月　安倍首相の「改憲はスケジュールありきではない」などの発言を聞くと、まだ若干、様子見なのかと思いましたが、その後、元朝日新聞の政治部記者で編集委員だった早野透《はやのとおる》さんと話したら、「それは認識が甘い。安倍さんは改憲を絶対に、自分が首相在任中に成し遂げるぞと思っているのだから、スケジュールありきでしょう」とおっしゃっていました。

しかし、選挙後も政権内には高揚感がありませんでした。あくまでも敵失で勝ったものであり、自分たちのことが評価されて勝ち上がったという感じでもない。だから、いつ何どき崩れるかという意識はあると思います。あと、自民党は議員の数が多いので、長期政権による〝安倍疲れ〟という空気感も若干あるように感じられます。

早野さんは、一一月五日のトランプ米大統領の訪日が終わったら、自民党内でいろいろと動きだすという議員がいると指摘していましたが、いまのところ、北朝鮮のミサイル発射もあり、そういった動きはありませんね。森友学園の音声データなどが問題視はされていますが、このことで一気に政権の支持率が下がるか否か。安倍降ろしが始まるには、支持率など目に見える数値が出てこないと、動きにくいのではと思います。

ただ今年四月からの税制改正で、年収八五〇万円超のサラリーマンにも大幅な増税が行われることになりました。そうなると、これまで「景気がそこそこいいから」と何となく思っていた中間層も、「なんだこれは」となり、支持率に影響を与える可能性もあります。年収八五〇万円超の会社員や公務員約二三〇万人が負担増となります。税金が一気に増えるとなると、森友・加計は自分たちの問題ではないけれど、中間層をはじめとした、政治に関心が薄いサラリーマンや主婦らが、政権の批判に転じる可能性もあるのではと思います。

古賀 選挙中でも内閣支持率は下がっていた事実をみんな知ってますから、結局、安倍さんにずっとくっついているのがいいかどうか、というのは考えるでしょうね。

いままで安倍一強で、それしか選択肢がなかったのが、ポスト安倍は誰なのかというところに、関心がシフトしてきています。

望月 その一方で、総理大臣が短期間に何回も変わるのはよくないから、安倍さんでいいんじゃないの、といった空気もあります。外交上は、確かに、大きな国際会議で毎回顔が変わるよりもいいのかもしれません。これまで変わり過ぎましたからね。外から見れば、「なんだ、この国は⁉」と見えるのかもしれません。「外交面でこれだけ活躍しているぞ」という趣旨のヨイショ報道があると、「安定した政治はやっぱりいい」という雰囲気ができますよね。

古賀 株価も上がっているしね。ただ、日本経済はべつに何も良くなっていません。世界全体が良くなっており、日本は世界経済に対する依存度が相対的に高いから、それで株価も高くなっているにすぎません。それから、日銀がとにかく株を買うわけですよ。これが株高のもう一つの理由です。朝株価が下がるとすぐに日銀が買いに入る。中央銀行が株を買うというのは、ついこの前までは「禁じ手」と言われていましたが、日本では「金融緩和のためです」とか言いながら、実は株価対策として実施されているのです。そうなると、おかしいとは思っていても、買わないと損をするということになって投資家も「買うしかないな」となってしまうわけです。

希望の党から打診された出馬

望月　古賀さんは、希望の党から二〇一七年秋の総選挙出馬の打診があったそうですね。舞台裏から選挙の一連の流れを見ていて、野党は何がダメだったと思いますか。衆議院の任期が二〇一八年一二月だったのですから、二〇一七年以降、特に七月の都議会選挙が終わったあと、政界では解散総選挙が視野に入っていたはずです。なのになぜ、野党は選挙対応がうまくできなかったのでしょうか。何が失敗だったのでしょうか。

古賀　出馬の話は上杉隆《うえすぎたかし》さんからきました。小池さんからすれば、いくつか目玉候補が欲しかったんでしょう。公示まで、あと二週間の段階でした。民進党が希望に完全に合流し、連合も乗るという話だったので、まだまったく表には出ていませんでしたが、それが実現すれば、政権交代のチャンスが来るからやっても良いと直感しました。

上杉さんの話では、公明党も一緒になるかもという話でした。

一つ気になったのは、国政政党としての「日本維新の会」を立ち上げたあと、翌年の参議院選挙に代表である橋下徹《はしもととおる》さんが出馬しなかったため、党の勢いが下り坂になったことがありました。あのときの失敗を繰り返さないために、今回は思い切って小池さんが出ないとダメだと考えていました。

上杉さんは、「いや、出る、うまくまとまったら出ますから、大丈夫です」と言い、「それだったら、いいよ」という方向に話は流れていきました。

望月　実際に出るとしたら、どの選挙区からと考えていたんですか?

古賀　最初は、神奈川二区。菅義偉《すがよしひで》官房長官の選挙区です。その後、泉田裕彦《いずみだひろひこ》前新潟県知事が自民党から出る新潟五区も面白いという話がありました。ただ、いかんせん、時間がない、事務所もない、電話もない、どうやって選挙をやればいいんですかねと言いました。その話をしていたときに小池さんから上杉さんに電話が入り、私がそ

©Yoshiro Sasaki 2018
古賀さんがテレビ番組で
“黒い紙”に掲げたスローガン

う言っていると伝えたら、小池さんはこう言ったそうです。
「あら、古賀さんなら大丈夫。あの黒い紙一枚あれば」
私は、思わず絶句してしまいました。それくらい、希望は勢いがあって自信があったということでしょうね。その後、小池さんが急に右旋回して、野党が一つにまとまれなかったので、私としては、とても参加できないということになって、その話は終わりました。

ポスト安倍は岸田？　河野？　石破？

望月　二〇一八年安倍総裁三選については、どう考えていますか？

古賀　本人は当然、何としても三選を実現したいと思っているでしょうね。それが許される環境に安倍さんが居続けられるかどうか……。私は、ポスト安倍のひとり、岸田文雄《きしだふみお》人気がどれぐらい高まるかによると思います。

望月　岸田さんも一所懸命露出しようとしていますよね。でも、品はあるけど、インパクトというか華がないような（笑）。ある意味、それが良いところなのかもしれませんが、逆に、もう少しアクを出して欲しいです。

古賀　そうすると、岸田さんに代わるのは誰か。河野太郎《こうのたろう》さんや野田聖子《のだせいこ》さん、村上誠一郎《むらかみせいいちろう》さんなどが総裁選に出られるかどうか。

望月　石破さんはやっぱり難しいですか？　ネット投票などだと、一時期は石破さんが一位でした。石破さんは「核武装も議論すべき」とバリバリの保守ではありますが、それでも、安倍政権が進めた、多くの法律学者も「違憲」とした安保法制での政権の強引な決め方にも批判的でしたし、やるからには、きちんと法律を守れと思っているところがある。加計学園での石破四条件の中味を見ても、石破さんは、理論派であるがゆえに、歯止めとなる議論をきちんと踏んでから政府は取り組むべきという、至極真っ当な考えを持っていると思います。

安倍×橋下、仲が良いのは本当か？

古賀　そもそも、二〇一二年秋の総裁選では石破さんが一番でした。一位が石破茂、二位が安倍晋三で、決選投票で逆転しました。決選投票は地方票がなく、国会議員だけになります。それでは国会議員がなぜ安倍さんに入れたかというと、理由は二つあると思います。一つは派閥の領袖たちが、石破さんは頑固でコントロールがきかない恐れがあるけど、安倍さんなら言うことを聞くからいいと思ったこと。つまり改革派ではないと見られていたんです。

もう一つは、安倍さんは橋下徹さんと仲が良いと見られていたことです。だから、安倍さんを応援すれば、自分の選挙区に、二〇一二年九月に国政政党として結成されることになっていて、当時、飛ぶ鳥を落とす勢いのあった日本維新の会の候補を立てないでもらえる。それが一番切実なところだったのではないでしょうか。私も当時、多くの自民党の議員からいろいろ聞かれました。「安倍さんと橋下さんは仲が良いって、本当ですか」と。

それが今回の森友学園疑惑に繋がってきますよね。そもそもの原点。要するに、思想が近く、その思想で動いているという、新しい贈収賄の形。お金で動くのではなく、思想で動く。いまの法律では処罰できません。

「死んだフリ」の河野太郎

望月 河野太郎さん自身は、外交・安保に関しては、結構、安倍首相寄りらしいですね。お父さんとはちょっと違う。「河野談話」の河野洋平《こうのようへい》さんがお父さんであることから、中国外交筋は「河野太郎外務大臣に期待していたけど、安倍政権の方向性に沿った強気の発言が続き、残念だ」と言っていると報じられており、ほんと恥ずかしいなと思いました。それは期待しますよね、中国は。

古賀 河野さんは、ここ数年で大きく変わりました。自民党流に言えば、「成長した」ということでしょう。非常に現実主義になった。特にいまは、自分が総理候補になれるかもしれないという夢を見ている。所属する麻生派が大きくなったしね。

望月 以前から脱原発を主張していましたけど、行革担当相になった途端に過去の発言が載っているブログまで閉鎖したときは驚きました。

古賀 第二次安倍政権の最初の組閣時に、河野さんは安倍さんに呼ばれて、「脱原発を封印してくれ。そうしたら大臣にする」と言われたそうです。でも彼は、断ったんです。なぜかというと、これは私の推測ですが、ちょっと自信過剰で、「内閣の人気取りのために絶対俺は必要なはずだ」と考えた。だから、「一回断れば、絶対に『いや、それでも何とか頼む』と言ってくる。そうなれば立場が強くなる。原発の話はそこでうまく交渉して折り合えばよい」と。そう思っていたら当てがはずれて、そのあと完全に干された。

望月 あのころ、世耕弘成《せこうひろしげ》議員や山本一太《やまもといちた》議員ら自分のライバルが重用されて、どんどん上がっていきましたね。

古賀 そう。それが二年ぐらい続くと、どうしても焦りが出てきますよね。
それで二〇一五年一〇月の内閣改造で、国家公安委員会委員長、規制改革・防災・消費者及び食品安全担当大臣になるときに、いろいろなことを封印したのです。政治スタイルを変えたんですね、あのときに。
さらに今回就任した外務大臣のポストでは安倍さんべったりでいくしかないわけです。総理と違うことを外相が言ったら、外交は大混乱。国会審議もストップしてしまう。だからもう、覚悟を決めたのでしょう。彼は英語もできるし、それを売りにして活躍できる。そういう計算もしたと思います。外務大臣は総理候補への登竜門でもありますからね。

望月　そういう話をうかがうと、テレビでよくコメンテーターなどが言う、国を変えようと思うと、ある程度、清濁合わせ呑んでいかないといけないという話なのでしょうか……。いずれにしても河野さんは、ブログを閉鎖している時点で「ここは死んだフリだ」と言うしかない」ということですね。

PART 2

森友問題とは何だったのか？

1分でわかる森友問題

漫画・ぼうごなつこ

支持率命の総理と追従者たちは、さっそくトカゲの尻尾切りに
妻や私が関わっていたら総理やめますよ!!
そーり
籠池さんはワシを逆うらみしよるねん
国が圧力かけて来よった
押しつけ合い
圧力をかけたことなどない!!
値引担当 近畿財務局
松井大阪府知事「条件つき認可」だした
アキエ夫人 逃亡
ぴゅー
私、イタリアに高とび…じゃなくて栄転しますぅ
カゴ…イケ…さんでしたっけ？
※顧問弁護士？
しかし、籠池夫妻もだまっていなかった
アキエ夫人から「安倍晋三からです」と寄付金100万円をいただいた
夫人が名誉校長になって神風が吹いた
国側も共犯だったことを示す音声データ公開
3メートル掘ってその下からゴミが出てきたストーリーをイメージしてます
諄子夫人
アベのうそつきー 私の携帯返せー 娘の携帯も返せー
そして何の疑惑も晴れないまま
国有地の値引き6億円はやりすぎ
でも書類がないから検証できないし…
会計検査院
籠池夫妻は口封じのように拘留され続けている
昼か夜かわからない窓なし三畳間
家族も含めて手紙、接見一切禁止
冷暖房なし

豊中・木村議員の疑問

【国有財産】 個人や企業などが所有する財産を「私有財産」、地方公共団体の場合が「公有財産」、国の場合を「国有財産」という。国立大学や公園、道路、飛行場、道路などの施設、山や川など自然のものもある。国有財産はさらに二つに分類され、売り払いなど処分ができない「行政財産」と、売り払ったり貸与できる「普通財産」の二つがある。

豊中市議会の木村真議員の疑問から発覚した森友学園問題

古賀 森友学園問題が報道され、世間の注目を集め始めたのは二〇一七年二月のことです。しかし逆のぼると二〇一二年四月には、学園の要望で大阪府の私立学校認可基準が緩和されていました。長年、水面下で進行していた問題が明るみに出たきっかけは、ある意味、偶然ともいえるものでしたね。

望月 森友問題発覚のきっかけをつくったのは豊中市市会議員の木村真《きむらまこと》さんです。木村さんは、瑞穂の國記念小學院の新築工事現場に貼ってあった児童募集のポスター（左図）に靖国神社の鳥居らしき写真と教育勅語が載っていたのを見て、「こりゃあ極右の学校じゃないか。そんな小学校が豊中にできるのは我慢できない」と思って調べ始めたのです。

古賀 すばらしい嗅覚を持った市議ですね。もしこの方がいなければ、二〇一七年四月に小学校は開校していたでしょう。

望月 市議がホームページを検索すると、地元では右翼系として知られる塚本幼稚園が系列の小学校をつくるとわかり、何としても学校設置を止めなくては！ と思い、まず土地の登記を調べたのです。もし彼が情報を見過ごしたり疑問に思わなかったら、この一件は計画した人たちの思惑通り、おもて沙汰にならず、まかり通ってしまったわけです。実際、木村さんが疑惑について呼びかけてもマスコミは腰が重く、なかなか報道してくれなかった。そこで国を提訴して会見を開くことを思いついたそうです。木村市議が問題を掘り起こした経緯は、『日刊ゲンダイ』のインタビューで詳しく語られています。

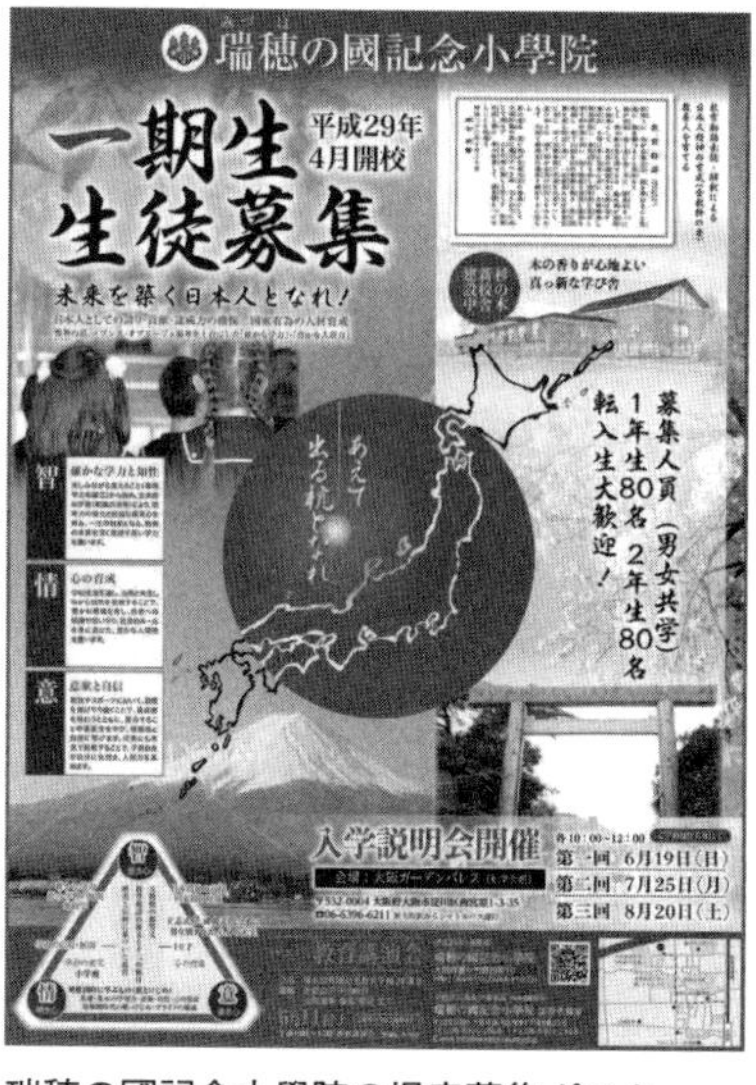

瑞穂の國記念小學院の児童募集ポスター

……昨年五月に登記簿を取得したら所有者は国交省でした。そこで（国有地売買窓口の）近畿財務局に電話して詳細を尋ねると「定借権（定期借地権）付きで貸しています」と。この時点で何かおかしいと思いました。あの国有地はもともと、豊中市が国から無償で貸与を受け、公園を整備することを希望していました。都市計画道路を造り、具体的な図面まであった。ところが、国は土地はタダでは貸せないといい、（二〇）〇七～（二〇）〇八年ごろになると、（二〇）一〇年までに買ってほしい、それができないなら売却すると市に最後通牒を突き付けてきました。当時の市の財政状況は阪神大震災の影響などもあって非常に厳しく、とてもじゃないが二五億円も三〇億円も負担できません。そこで、仕方なく（道路を挟んで）東側の部分だけを買ったのです。あれほど国は市に対して強硬に買い取りを求めていたにもかかわらず、なぜか森友には貸しているという。改めておかしいと。

（『日刊ゲンダイ デジタル』「森友問題を最初に追及 木村真市議が語った「疑惑の端緒」」二〇一七年三月一六日より抜粋）

古賀　豊中市に対して高圧的な態度をとった国交省が、森友には非常に甘い対応をしている。これは現場を知る豊中市議として、許せなかったのでしょう。

『日刊ゲンダイ デジタル』の木村議員へのインタビュー続き

――それで近畿財務局に情報公開請求した。

「国有財産有償貸付合意書」の写しを請求すると、金額と一部の条件が全て黒塗りでした。しばらくして、森友が土地を買ったという話を聞いて、今度は売買契約書を請求すると、やはり金額の類いは一切黒く塗り潰されていました。過去の国有地売買の例を調べると、森友のように随意契約の案件はすべて公開されている。それなのに森友だけは非公開。これは完全におかしい。何かうさんくさいことをやっているに違いないと確信しました。

――同時並行で大阪府私立学校審議会（私学審）の審議過程も調べた。

森友案件は（二〇）一四年一二月に継続審議になり、（二〇）一五年一月の臨時会で認可適当となりましたが、過去の私学審の開催状況を調べると、（二〇）〇九年からの八年間で臨時会は森友の一回だけ。これは極めて異例の扱いで、他方、国有財産近畿地方審議会の議事録を読むと、森友案件については異論が噴出したものの、最終的には私学審でＯＫが出るのだから、ＯＫにしましょうか、みたいな内容だった。この流れはどう考えても不自然だと思いました。

――それでいよいよ提訴に踏み切った。

その前に昨年一〇月末ごろから、今回の疑惑について三万枚のビラを作って市内を中心に配りました。籠池泰典《かごいけやすのり》（本名・康博《やすひろ》）理事長宅の郵便ポストには特別サービスで三枚ぐらい入れたと思います。ただ、豊中市だけで一七万世帯もあるため、これではラチが明かない。じゃあ、マスコミに情報提供しようと。当初はなかなか報道されませんでしたが、売買金額の非公表の件で国を提訴して会見を開けば、どこかのメディアがとり上げてくれるかもしれないと考えました。

望月　まさに木村市議なくして、森友問題の発覚はなかったと思います。地元のために行動あるのみ、という市議に頭が下がります。

（中略）大阪府では自民党よりも政権に近いのが維新であり、安倍首相と橋下前知事、菅官房長官と松井現知事のラインは強固なパイプといわれている。今回の問題にこうしたラインが関与していたのではないかと強く疑っています。

（同インタビュー）

古賀　このときすでに、木村氏は官邸と維新の太いパイプを指摘しています。問題の根深さ、複雑さを象徴する発言ですね。

望月　朝日新聞はこの件をきっちり取材したので、森友・加計問題のスクープと一連の報道に対して取材班が二〇一七年の日本ジャーナリスト会議（ＪＣＪ）大賞を受賞しています。また、吉村治彦《よしむらはるひこ》記者と飯島健太《いいじまけんた》記者は日本外国特派員協会「報道の自由推進賞」の日本調査報道賞も受賞しています。そういえば古賀さんも、表現の自由を抑圧する官邸への批判と東京電力をめぐる政治・産業界への洞察力で、二〇一五年に同じ外国特派員協会の「報道の自由の友賞」を受賞されていますね。

ネットメディアとの攻防で、新聞をはじめとするオールドメディアの衰退が言われていますが、やはり朝日新聞の調査報道を主とする、オールドメディアの調査力、取材力というのはネットにはまだ真似できない底力を持っていると感じました。今回のモリ・カケ疑惑では特にそれが浮き彫りになったと思います。

このシンポジウムが安倍氏と松井氏を結びつけ、「伝説の2.26居酒屋会談」へとつながった

教育基本法改正と愛国精神

【教育基本法】 一九四七年に公布された日本の教育制度の基本原則を定める全一一条からなる法律のこと。

幼稚園で教育勅語を教えてよいか？

古賀 私は、森友問題で最も刮目すべき点は、「思想の共有」ということにあると考えています。そこには、「金や権力」といった利害で繋がれた関係よりも、より深く、強いものがあります。

望月 籠池さんは、「ちょっと変なおっちゃん」としか見られていなかった。ところが、ナショナリズムが強調されるような教育基本法の改正が通った途端に、役所の籠池さんに対する態度がガラッと変わったそうです。

古賀 籠池さんはある種の思想犯みたいなものですよ。森友学園事件は、もともと安倍首相の思想に賛同する人たちが「忖度」した結果起こったのです。

長く〝一強〟と言われた安倍政権ですが、熱烈に支持するのはどんな人たちなのか、一般の人にはよくわからなかった。それが、森友学園問題報道で「籠池」という非常に強烈なキャラクターが出てきたことで、氷山の一角が見えました。塚本幼稚園では、園児に教育勅語や五箇条の御誓文を「素読」させたりしています。

望月　事件が発覚してから塚本幼稚園の教育方針もクローズアップされましたが、もともとは二〇〇六年に東京新聞が「教育勅語　幼稚園で暗唱　大阪の二園　戸惑う保護者も　園長『愛国心はぐくむ』」と題して報道したのが始まりだったんですよ。記事をもとに、当時衆議院の一回生議員だった稲田朋美《いなだともみ》氏（元防衛大臣）は月刊誌『WiLL』の「自民党新人大討論」座談会で教育勅語について触れているんですね。

建設が進み、開校も間近かだった瑞穂の國記念小學院　©Yoshiro Sasaki 2018

教育勅語の素読をしている幼稚園が大阪にあるのですが、そこを取材した新聞が文科省に問い合わせをしたら、「教育勅語を幼稚園で教えるのは適当ではない」とコメントしたそうなんです。

そこで文科省の方に、「教育勅語のどこがいけないのか」と聞きました。すると、「教育勅語が適当ではないのではなくて、幼稚園児に丸覚えさせる教育方法自体が適当ではないという主旨だった」と逃げたのです。

しかし新聞の読者は、文科省が教育勅語の内容自体に反対していると理解します。今、国会で教育基本法を改正し、占領政策で失われてきた日本の道徳や価値観を取り戻そうとしている時期に、このような誤ったメッセージが国民に伝えられることは非常に問題だと思います。（中略）

麻生太郎《あそうたろう》大臣は教育特別委員会で「教育勅語の内容はよいが、最後の一行がよくない」と言われました。「以《もっ》テ天壌《てんじょう》無《む》窮《きゅう》ノ皇運《こううん》ヲ扶翼《ふよく》スヘシ」（※編集部訳「勇気をふるい一身を捧げて皇室国家の為につくせ」）といった部分がよくないとおっしゃった。

しかし教育勅語は、天皇陛下が象徴するところの日本という国、民族全体のために命を懸けるということだから、私は最後の「朕爾臣民《ちんなんじしんみん》ト倶《とも》ニ拳拳服膺《けんけんふくよう》シテ咸《みな》其徳《そのとく》ヲ一ニセンコトヲ庶幾《こいねが》フ」（※編集部訳「朕は汝臣民と一緒にこの道を大切に守って、皆この道を体得実践することを切に望む」）という一行も含めて教育勅語の精神は取り戻すべきではないかなと思っているのです。

（『W・iLL』二〇〇六年一〇月号）

古賀　稲田氏は父親が保守の政治運動家で、もともと籠池氏とは思想的に繋がっていた。さらに稲田氏の夫の龍示《りゅうじ》氏は二〇〇四年から二〇〇九年まで森友学園の顧問弁護士でした。問題が報道されてから、自ら防衛大臣感謝状を授与していたり、森友側代理人として裁判に出廷していたことを伏せ、「籠池夫妻から法律相談を受けたことはない」「ここ一〇年来、まったく会っていない」と嘘の答弁を繰り返しましたね。自衛隊日報問題も重なり、結局防衛大臣辞任にいたりましたが……。彼女もまた日本会議のメンバーです。

望月　日本会議のホームページには、「私たちは、美しい日本の再建と誇りある国づくりのために、政策提言と国民運動を推進する民間団体です」とうたわれています。そして、「再建すべき美しい日本」とは戦前の天皇主権下の日本を指しています。皇室を中心に、同じ歴史、文化、伝統を共有しているという歴史認識こそが、国の力を大きくする原動力になると信じているメンバーの集まりが日本会議です。

この思想を共有する閣僚が第一次安倍内閣では首相をはじめ一二人、麻生内閣では九人だった。それが改造前の第二次安倍内閣で一三人になり、第三次内閣では一九人のうち一五人が日本会議議員連盟に名を連ねています。

前にも述べましたが、森友学園の園児が教育勅語を暗記して全員で朗唱する姿や軍艦マーチを演奏する姿。ニュースであの映像を見て、この問題にあまり関心がなかった人も、「ちょっと待てよ。これって、まずくない？」という感覚を持ち、気がつくきっかけになったと思うのです。これは自民党支持者にも「やりすぎだよなあ」と思わせた、重要な契機になったと思います。

そもそも籠池さんが安倍首相に心酔したきっかけは、二〇〇六年一二月に公布・施行された、第一次安倍政権時の教育基本法改正です。「教育基本法」は、教育についての憲法のようなもの。この改正のときには、「豊かな情操と道徳心を培う」「我が国と郷土を愛し」といった道徳心や愛国心の話が報じられ、議論の的となりました。結局、愛国心や道徳観、ナショナリズム的なものを尊重、強化する改正法案が強行採決されたわけですが……。

弁護士会も廃案を求めた、改正された教育基本法

望月　法律には、やはり影響力があるものです。それまで役所で「右翼的な教育をする変なおっちゃん」扱いされていた籠池さんに対して、役人の態度がコロッと変わって「ああ、どうも、どうも」と好意的になったそうです。籠池さんはそれで、「安倍さんはこんなにすご

い力を持っているのか、政治の力はすごいな」と惹きつけられていったと聞きました。

古賀　安倍首相は「改正は新しい時代の教育の基本理念を明示する歴史的意義を有する」と自賛していましたね。政治家が教育を主導していく点で問題のある法案です。この法案が閣議決定されたとき、全国の弁護士会などは、反対声明を出しました。例えば、東京弁護士会は「教育の理念を変容させ、国家が、教育の名のもとに、ひとりひとりの子どもや大人の内心に踏み込み、一定の価値観を強制し、教育の管理統制を推し進めることを可能にする」ととても危険な法律だとして、廃案を求めています。一般市民の間にも反対が強かった。ところが政府は、数にまかせて見切り採決してしまいました。日本の未来を大きく左右する決定でした。

望月　東京都においては、二〇〇三年一〇月二三日の教育委員会通達に基づき、校長が教員に対し「日の丸掲揚」「君が代斉唱時の起立、斉唱」を義務づけ、これに従わない教員を処分する事態が続きました。二〇〇六年三月一三日には、生徒への起立・斉唱指導を義務づける通達も発せられ、「国を愛する態度」を、子どもたちにまで押し付けようとしたことが問題となりました。

　そうしたなかでの強行採決。教育基本法改正は、このような教育現場での「愛国心」強制の実態を正当化させるものであって、思想信条・良心の自由を保障する憲法に違反していると思いますね。

古賀　教育が国家により管理統制された結果日本がどうなったかは、戦前の軍国主義教育の苦い経験により明らかなのに、国のトップとして安倍総理は、まるで歴史を逆行させ、同じ過ちをおかしながら、国民を戦争に巻きこもうとしているようにしか見えませんね。

100万円の授受があったとされる日の講演。
昭恵夫人フェイスブックより

日本会議の思想を広める人々

【国旗国家条例】 大阪府で二〇一一年六月三日に可決された、施設における国旗の掲揚及び教職員による国歌の斉唱に関する条例。府内の公立小中高校などの学校行事では、君が代を「教職員は起立により斉唱を行う」こととされ、府の施設での日の丸の掲揚も義務化された。

【日本会議】 「日本を守る国民会議」と「日本を守る会」が統合し、一九九七（平成九）年に設立。同会議HPによると、全国に草の根ネットワークを持つ国民運動団体で、「明治・大正・昭和の元号法制化の実現、昭和天皇御在位六〇年や今上陛下の御即位などの皇室のご慶事をお祝いする奉祝運動、教育の正常化や歴史教科書の編纂事業、終戦五〇年に際しての戦没者追悼行事やアジア共生の祭典の開催、自衛隊PKO活動への支援、伝統に基づく国家理念を提唱した新憲法の提唱など、三十有余年にわたり正しい日本の進路を求めて力強い国民運動を全国において展開して」きた。

安倍首相を支える日本会議

望月　自民党の安倍首相と、日本維新の会の橋下徹氏、松井一郎《まついいちろう》氏。両者は党こそ違いますが、非常に近しい関係といわれます。その背景には何があるのでしょうか。古賀さんは、維新の会の顧問をされた時期もありましたが。

古賀　二〇一一年夏に、大阪維新の会の松井一郎さんたちが東京に来て、私に「古賀さん、今度の大阪府知事選に出てください」と言うんですね。堺屋太一《さかいやたいち》さんのご自宅でした。二回要請を受けて、結局お断りしたのですが、そんな縁もあって、二〇一一年一一月の大阪府知事・市長同日選で松井府知事、橋下徹大阪市長が当選すると、大阪府市統合本部の特別顧問に就任しました。主に公務員改革とエネルギー戦略を担当したのですが、その後、維新が石原慎太郎さんたちと一緒になるということになり、私は、それはおかしいだろうということで彼らとは距離を置くことになったのです。

　維新と安倍総理との関係についてとても印象に残っているのは、維新が国政政党を作ると言われていた二〇一二年夏ごろのことです。前にも少し触れましたが、飛ぶ鳥を落とす勢いだった維新の橋下・松井コンビと安倍総理が仲が良いという話が広がり、自民党総裁選で安倍さんを推せば、維新の候補を立てないでくれるんじゃないかという思惑で安倍支持に転じる人が増えました。私が特別顧問をしていたので、自民党の議員から、「安倍さんはどれくらい橋下さんと仲がいいの?」という質問をよく受けました。自民党総裁になる前の安倍総理は、ただの人に成り下がっていて、維新の中では安倍さんに維新の国政政党の代表を打診したらどうかなどという話も真剣にされていたくらいでした。普通に考えると、一国の総理経験者にずいぶん失礼な話のような気もしますが、この噂は、逆に維新と親しいということの象徴となるような話ですから、だったら、安倍さんを総裁に推そうかという機運が広がったことは事実だと思います。

望月 安倍さん、橋下さん、松井さんの三人は、もっと以前から共通した思想的背景で結ばれていますね。

古賀 当時、私はあまり意識していませんでしたが、確かに教育に関する右翼的な姿勢などを見ると両者には非常に親和性があったと見ることができるかもしれません。

望月 森友学園問題のナゾを解くカギのひとつは、大阪の橋下、松井両氏が率いる維新ですね。自民党にも多い、いわゆるタカ派、右翼的な思想を共有する「日本会議」人脈の中で起きたのが、この出来事。籠池氏もその一員でした。籠池氏が証人喚問で名前を挙げた国会議員、府議会議員も、ことごとく日本会議のメンバーです。

「影の財界総理」ＪＲ東海名誉会長も日本会議メンバー

望月　私は二〇一七年三月中旬に初めて塚本幼稚園に取材に行ったのですが、正面玄関わきにいくつか提携幼稚園の銘板がありました。また、森友学園は「瑞穂の國記念小學院」卒業生の進路先のひとつとして「学校法人海陽学園　海陽中等教育学校」に推薦枠の合意があるとして、大阪府の設置認可申請資料に記載していました。

古賀　海陽学園はトヨタやＪＲ東海、中部電力など愛知県の有力企業が共同で設立した全寮制エリート養成男子校です。提携校となれば小學院のイメージアップにもなる。籠池さんは、本当は銘板に海陽学園の校名も掲げたかったのかもしれませんね。

望月　おそらくそうだと思います。海陽学園の理事長は、ＪＲ東海代表取締役名誉会長の葛西《かさい》敬之《よしゆき》氏。この方も日本会議のメンバーです。籠池さんは葛西氏の名前を証人喚問で出して、「そういう小学校ができるなら、こちらの学校（海陽学園）への推薦枠を検討しましょう」という彼のリップサービスを真に受けてしまったと証言しました。

それに対して、ＪＲ東海の柘植《つげ》康英《こうえい》社長は定例会見で「葛西氏は二〇一五年六月に籠池氏と面談したことを否定している。二〇一四年五月に知人の紹介で籠池氏と会い、小学校開校への寄付を依頼されたが、後日、断った」と話しているんです。

古賀　この葛西さんは、安倍首相の「影の財界総理」として有名な方です。新聞の首相動静などを見ていると、安倍氏とは、頻繁に会食したり、ゴルフをしています。

望月　実は第二次安倍政権が誕生した二〇一二年一二月から二〇一七年八月三日までの間に首相動静に登場する経済人のトップは葛西敬名誉会長で、会合日数は四一日で、二位経団連会長は二三日。また一見何の関係もないようにみえる維新の看板公約の「大阪・舞洲のカジノ計画」（誘致先としては鉄道を延伸し、「夢洲」を想定している）「大阪万博誘致への国の協力」「リニア中央新幹線大阪延伸の前倒し」三点セットですが、これは安倍政権に全面協力してきた維新への土建がらみの見返り案件といわれており東海道ラインで安倍・葛西・松井・大手ゼネコンとつながってきます。

古賀　二〇一七年一二月に東京地検特捜部が動いたリニア新幹線談合問題で注目を浴びているJR東海ですが、このリニア・プロジェクトでは、政府から破格の資金支援を受けていることでも知られています。当初は、必要な資金のすべてを民間で賄う予定だったのに、途中から急に三兆円もの資金を財政投融資資金でJRに融資することが決まりました。その条件が破格で、何回かに分けて融資実行されたのですが、報道によれば二〇一七年夏の融資は、返済まで三八年余り。固定金利でわずか一・〇%という低金利でした。こんな条件で庶民向けに住宅ローンを出してもらいたいですが、このようなことが可能だったのは、もちろん、安倍氏と葛西氏の関係があるからだと言われています。要するに、安倍首相と

首相動静（安倍総理× JR 東海名誉会長・葛西敬之氏）

(2015年1月5日)	10 時 40 分、JR 名古屋駅着。葛西敬之 JR 東海名誉会長が出迎え
(2015年2月18日)	18 時 56 分、東京・南麻布の日本料理店「有栖川清水」。葛西敬之 JR 東海名誉会長、古森重隆富士フイルムホールディングス会長と会食。
(2015年3月4日)	同 3 時から同 30 分まで、葛西敬之 JR 東海名誉会長
(2015年7月9日)	13 時 50 分から 14 時 11 分まで、JR 東海の葛西敬之名誉会長、トーケル・パターソン取締役。
(2015年7月23日)	午前 8 時 30 分、東京・永田町のザ・キャピトルホテル東急着。同ホテル内の日本料理店「水簾」で葛西敬之ＪＲ東海名誉会長と朝食。
(2015年8月25日)	午後 7 時 7 分、アーバンネット大手町ビル「レベル 21 東京会館」で下村博文文部科学相、山谷えり子国家公安委員長、葛西敬之 JR 東海名誉会長、西原正平和・安全保障研究所理事長らと会食。
(2015年9月24日)	18 時 53 分、南麻布の日本料理「有栖川清水」。葛西敬之 JR 東海名誉会長、古森重隆富士フイルム HD 会長、飯島彰己三井物産会長、木村恵司三菱地所会長、中西宏明日立製作所会長らと食事。
(2016年1月15日)	4 時 19 分、JR 名古屋駅。20 分、同駅貴賓室で大村秀章愛知県知事、葛西敬之 JR 東海名誉会長ら
(2016年3月16日)	6 時 28 分、東京・南麻布の日本料理店「有栖川清水」。葛西敬之 JR 東海名誉会長、古森重隆富士フイルムホールディングス会長らと食事。
(2016年3月17日)	0 時 7 分、葛西敬之 JR 東海名誉会長、佐藤芳之ケニア・ナッツ前社長と昼食
(2016年5月10日)	同 31 分、東京・赤坂の日本料理店「浅田」着。葛西敬之ＪＲ東海名誉会長らと会食。北村内閣情報官同席。
(2016年5月27日)	午後 9 時 31 分、ＪＲ名古屋駅着。JR 東海の葛西敬之名誉会長出迎え。
(2016年9月9日)	6 時 39 分、東京・築地のスッポン料理店「六寛」。葛西敬之 JR 東海名誉会長、北村内閣情報官と食事。
(2016年9月14日)	7 時 6 分、東京・南麻布の日本料理店「有栖川清水」。葛西敬之 JR 東海名誉会長、古森重隆富士フイルムホールディングス会長らと会食
(2016年11月16日)	53 分、ダシュル元米民主党上院院内総務、葛西敬之 JR 東海名誉会長。
(2017年3月1日)	午後 6 時 54 分、東京・赤坂の日本料理店「もりかわ」着。葛西敬之 JR 東海名誉会長、北村内閣情報官と会食。
(2017年4月26日)	同 48 分、東京・銀座のオーストリア料理店「銀座ハプスブルク」着。葛西敬之 JR 東海名誉会長、清原武彦産経新聞社相談役と会食。北村内閣情報官同席。
(2017年5月24日)	同 59 分から同 2 時 21 分まで、葛西敬之 JR 東海名誉会長、インド工業連盟のバネルジー会長、アーミテージ元米国務副長官ら。
(2017年5月30日)	午後 6 時 47 分、東京・南麻布の日本料理店「有栖川清水」着。葛西敬之 JR 東海名誉会長、古森重隆富士フイルムホールディングス会長らと会食。

葛西名誉会長の関係は、後に出てくる首相の腹心の友・加計孝太郎《かけこうたろう》氏との関係と同じなのです。ただしこちらは公共事業のため規模が違いますが。望月さんご指摘のとおり、この破格の融資によって資金繰りが楽になるので、名古屋大阪間の建設を八年も前倒しすることができるということです。つまり、松井・橋下の大阪維新に恩を売ることにもなったわけです。安倍・葛西・維新のトライアングルはもっと注目されてしかるべきです。

望月　おっしゃる通りですね。

望月　リニア中央新幹線にしても早くできるといいなあと思っている人もまた、原発再稼働と切っても切れない関係であることに注意を向けてほしいですね。高圧送電線や沿線内の巨大変電所の建設計画、大阪・舞洲のカジノ計画、大阪万博誘致などは、すでに利権が動き始めていると考えてしっかり監視していかなくてはいけませんね。

古賀　望月さんがどんどん取材して書いてくださいよ。

望月　籠池さんは、バックに昭恵夫人、その後ろには安倍首相がついて神風が吹いたわけですから、申請資料に葛西名誉会長の海陽学園と提携していると書いても、咎められることはないと考えていたのでしょう。森友問題発覚まで海陽学園側が提携校云々について本当に知らなかったかどうかは疑問です。籠池さんは、大阪府議会の参考人招致で、葛西敬之名誉会長とのツーショット写真を見せながら、JR東海東京本社で葛西氏と会った際に「中学校（入学）の優先枠を設ける。こちらもうれしいので対応する」と伝えられたと証言し、

日本的経営

2017.8.14 ぼうごなつこ

森友学園の小学校卒業者を推薦する予定で合意していたと主張しています。

古賀　これらの話を総合すると、一つの特殊な状況があぶり出されてきます。一般的には政治家に何か特別な便宜を図ってもらうときには、贈収賄的構造が必ず存在するわけです。お金を出すか、選挙の応援をするかといった……。ところが森友学園の場合は少し違う。従来型の個人的、あるいは政治的な損得ではなく、安倍首相や日本会議のメンバーたちがともに信じている右翼的な思想を広めていくことが共通の利益・目的であり、そのために政策を歪めていくという構造になっていると思います。

大阪府議会での証言中に示した、JR東海の葛西敬之名誉会長とのツーショット写真。籠池佳茂氏提供

役人の「忖度」と報酬

【忖度】 他人の心中をおしはかること。推察。（広辞苑第六版）

役人の忖度は常に違法スレスレ

望月　森友問題で「忖度」という言葉が話題になりました。籠池さんが外国特派員協会で会見を行った際、通訳が「忖度」という言葉をなかなかうまく訳せずに困ったという話がありました。日本人社会では心に思ったことを口に出さず、相手のことをそっと思いやるのを美風とする傾向があります。

古賀　確かに忖度は、日本の組織独特の慣行で、外国人には理解しづらいかもしれません。私は長く経済産業省の官僚として役人の忖度発動のメカニズムを直接見聞きしてきました。その立場から見ると、現在のマスコミでの「忖度」という言葉の定義が曖昧な感じがします。いろいろな意味で使われているような。

望月　何種類かのパターンがあるということですか？

古賀　忖度の定義は難しいのですが、官僚文化のなかでの「忖度」には、一般的な意味より少し「色」がついている。これは、日本の「組織」に共通していることかもしれませんが、忖度の対象となる人の内心が、「外には言えない」ということが前提になっているのです。

望月　具体的には？

古賀　たとえば、企業において利益を追求することは当然のことであり、社長が利益を求めていることは、様々な形で外形的に明らかです。このような場合、社員が、社長の指示がないまま、利益追求のために行動しても、それは「社長の意向を忖度した」とは言わない。

望月　なるほど、確かに、そんなふうには言いませんね。

古賀　役所で忖度という言葉が使われるときには、その対象となる人が、「おもて向きには言えないが、こういうことを考えているはずだ」と読み取ることがカギになる。そして、「表向きには言えないこと」とは、違法なこと、本来やってはいけないこと、考えてはいけないことです。法律の執行を上司の指示なく行っても、それは忖度とは言いません。それに対して、違法なことを「上司はそれを望んでいるだろうと推し量って行うこと」は忖度。つまり役所でいう「忖度」は、常に違法スレスレの問題を孕んでいるのです。また忖度の対象者は、自分の上司や、自分の出世に将来も含めて影響力を持つ人です。役人だけでなく、上司に影響力を持つ政治家や業界関係者なども含まれます。

望月　森友の一件においては、これは昭恵夫人が望んでいることだろう、安倍首相も当然、望んでいるだろうと推し量ったことが事件につながりました。国会答弁がすべて嘘だったことがばれた佐川宣寿《さがわのぶひさ》・前理財局長、直属の上司だった迫田英典《さこたひでのり》・前国税庁長官（森友学園事件当時の理財局長）などに忖度しつつ、同時に安倍首相にも忖度したわけですよね。

古賀　そして、これが最も重要なのですが、役所では他の民間組織などに比べて、「忖度したときの報酬」と「忖度しなかったときの損失」の落差が、極めて大きいのです。忖度には、常に違法まがいの問題が付きまとう。だから、本来は忖度しない方がよいのです。しかし、忖度しないと上司ににらまれ、出世が遅れたり、その道を閉ざされたりする。

もちろん、忖度に背を向けて役所を辞めるという選択肢もあります。しかし、その場合、退職による直接の不利益だけでなく、その後の人生においても、役所との関係でずっと差別的に取り扱われるリスクを覚悟しておかなくてはいけません。例えば、民間企業に就職したとしても、どこかで元の役所とのかかわりが生じたときに、嫌がらせをされるということです。江戸の敵を長崎でという感じですね。

忖度が、ある程度出世につながるのは民間組織でも同じでしょう。しかし、定年後も会社が面倒を見てくれる人は限られるのではないでしょうか。役所の場合は、人事当局が退職後の天下りの差配をします。キャリア官僚だと少なくとも七〇歳くらいまでは、役所の世話になる人が多いわけです。したがって忖度への報酬は、定年の六〇歳以降も一〇年にわたって続くのです。

望月　そのためなら、明らかな嘘や沈黙も……。

古賀　真実を語らず、文書廃棄までして守り通した安倍政権に対する「忖度」には大きな報酬が約束されています。今後、財務省の官僚が処分されずに終わるか、処分されても、ほとぼりが冷めたころにはしっかり処遇される可能性は極めて高いと見た方が良いでしょう。

望月　既定路線だったのかもしれませんが、佐川理財局長は国税庁長官にまで昇り詰めました。国会答弁がすべて嘘だったとハッキリしているのに出世。しかも就任会見はしないと発表して世間の失笑を買っていました。一一月二二日に会計検査院が「値引きの根拠がない」と発表した際も、佐川さんは夕方五時に退庁したのに、役所の「在庁」のランプを点けっぱなしにして、記者の追及から逃れようとしていたと取材したマスコミ側から聞きました。逃げてないできちんと出てきて欲しいです。

嘘答弁も、役所内では「頑張った、よくやった」でしかない

古賀　貸し借りの関係は、役人個人と政治家の間に直接発生する場合もあれば、役所と政治家の間に発生する場合もある。また、両方に発生することもあります。現実には多くの場合、政治家に対する「忖度の貸し」は、その官僚が所属する役所が報酬の支払いという形で弁済します。たとえば問題となる土地の不当安値販売を行った当時の迫田理財局長に対しては、財務省が今後一〇年以上にわたる天下りあっせんで手厚い処遇をする可能性が高いで

す。一方、安倍夫妻も何かのときに、忖度してくれた官僚らに対して便宜を図ることになるでしょう。彼らは、麻生財務相との関係でも大きな報酬を期待できるかもしれません。

官僚は、そういう計算をしながら、「忖度」をして、報酬を確保する。万一その結果、大きなトラブルになったときも「忖度による沈黙」を貫いて、さらに大きな報酬を期待するのです。今後の彼らの処遇をウオッチし続けていくことで、この問題の全体像や真偽が見えてくるだろうと思います。

望月　我が子も見ているだろうに、国会で答弁する佐川理財局長や財務官僚などが、恥ずかしそう、苦しそうに見えないのは、彼らが、この「忖度による沈黙」で大きな報酬を得られるからなのですね。でも朝日新聞の南彰《みなみあきら》記者が、野党議員から聞いた話をもとに、こんなことを書いていました。三月中旬に国会内の廊下で、野党の予算委員会のメンバーが佐川氏に「あなたも大変だねえ。あんな答弁を言わされて。身体に気をつけるんだよ」と声をかけたそうです。「そのとき佐川氏の目には涙が溜まっていたように見えた……」と。

古賀　涙目に見えたかもしれないけれど、そんなに悲壮感はないと思いますよ。彼らから見ると、世間がどう思うかよりも役所の上司がどう思うかが大事なんです。佐川氏がミエミエの嘘答弁をさせられても、上層部が、「よくやってるな。しっかり頑張れよ」と見ていてくれれば、それでよしというところでしょう。そういう環境だから、民間人の常識では考えられない答弁が堂々とできるわけです。

官僚と階級社会

【キャリア／ノンキャリア】 国家公務員総合職試験に合格し中央省庁に採用された者を「キャリア」と俗に呼んでいる。国家公務員試験一般職および専門職に合格して採用された者は「ノンキャリア（ノンキャリ）」と呼ばれる。キャリアは幹部候補生であり、大抵の場合、ノンキャリアより速いスピードで昇進し、退職後の天下りも保証されている。

古賀茂明が断言する！ 昭恵夫人の関与

望月 安倍昭恵《あべあきえ》夫人の森友問題への関与。安倍首相や首相官邸は必死になって、否定しています。首相がムキになって否定する答弁は、かえって「関与があったんじゃないの」という、国民の疑いを深める結果を招いているように思うのですが。

古賀 安倍政権や財務省側に何ひとつ問題はなかったのか……。私の解釈では、絶対それはない、関与はあったと考えます。

望月 古賀さんが「関与はあった」と思う根拠は何ですか？

古賀 役人の感覚ではどうにも腑に落ちないところがいくつかあるのです。最大限好意的に見れば、たとえば、贈収賄ではなかったと言えるかもしれません。証拠がないから。しかし、寄付の一〇〇万円も渡していなかったかもしれないなど、彼らにとって好意的な解釈をしていっても、どうしても腑に落ちないところがあるんです。

「これはやはり、おかしい」と、ピンときたのは、籠池泰典氏が証人喚問で経緯を語ったときです。籠池氏は昭恵夫人の携帯に連絡して国有地の「定期借地契約の延長」を依頼し、後日、経産省から出向している昭恵夫人付の官僚・谷査恵子《たにさえこ》氏からファックスで回答を受け取っています。谷さんはこの案件を、財務省の財産審理室長に直接伝えて、向こうから返事をもらったことになっている。これは、役人の感覚では絶対ありえないことなんですよ。

古賀 絶対ありえない？

望月 なぜかというと、省庁のなかには暗黙の序列があるからです。予算を握っている財務省は、省庁の頂点。ほかの役所に比べるとワンランク格上なのです。最も端的に表れるのは、予算の復活折衝のときです。

たとえば、主計官というのは、財務省主計局のなかの一課長ですが、他の省庁から交渉に行くのは課長であれば誰でもいいわけではない。各局の筆頭である総務課の課長でなければいけないのです。そして、主計局の「次長」は、ほかの省庁の「局長」と同等です。

古賀 外部からは見えないけれど、揺るぎない序列があるんですね。

古賀　そうです。そしてもう一つ。これは財務省だけではないけれども、官僚には企業でいう総合職と一般職にあたる、キャリアとノンキャリア（ノンキャリ）という職制があります。実質的なことは全部幹部候補生のキャリアがやります。

国有財産審理室長は財務省のキャリア。一方、谷さんは、経産省のノンキャリです。だから二人の間には財務省と経産省、キャリアとノンキャリという二重のハードルがあって、まず、普通では直接話せない相手なわけです。谷さんが国有財産審理室長と直接やりとりすること自体がありえない。これは絶対にないですよ。せいぜい、経産省の会計課長や総務課長がいるときに、説明補助者として後ろにいて、何かわからない細かいことを聞かれたら答えるぐらいで、名前を名乗ることすらないわけです。

望月　つまり、二人が対等にやりとりするのは相応の理由がある……。

古賀　そういうランクの差があるにもかかわらず、ノンキャリの谷さんの問い合わせに、財務省のキャリアが答えるというのは、普通は考えられません。しかし実際、谷査恵子さんは、田村嘉啓国有財産審理室長に電話をかけたようです。

これは共産党の宮本岳志《みやもとたけし》衆議院議員が、田村さん本人から直接聞き取り調査をしてわかった事実です。谷さんはまず「安倍昭恵付の谷査恵子と申します」と身分を名乗ってから「安倍内閣が一億総活躍ということで女性を活躍させるため、介護施設に国有地を貸し付けている場合、その賃借料を一〇年間半額に負けるという政策を行っています。同じことを学校に適用できないか」と打診し、またこれが「籠池さんからの願いである」ということも付け加えたのです。（第41回メディアを考えるつどい「森友事件の政府とメディアの幕引きを許さない」西宮市立勤労会館大ホール　2017年6月10日より）

望月　ということは、「安倍昭恵さんのおつきの人」からの問い合わせだという認識はあったんですね？

古賀　田村さんは、もとから安倍昭恵さん関連であると念頭にあるはずです。当然このファックスが作成されるときには、「これは特別案件で、谷さんから話があったけれども、それは昭恵夫人の代理という位置づけでやり取りしている」という話で来ているわけです。「きちんと素早く対応しないといけない」というのが、田村嘉啓《たむらよしひろ》国有財産審理室長はじめ財務省のなかで共有されていたことは確実なんですよ。逆に谷さんが、昭恵さんの指示もなしに独断で「昭恵さんから言われました」と、財務省のキャリアに直接話したりするかといえば、答えはNO。普通は勝手に上司の名前を使ったりしたら懲戒ものになる話だし、そもそも相手にしてもらえない。まったくありえないことです。

望月　しかし、財務省の田村室長は、よく宮本岳志議員の聞き取り調査に応じましたね。

古賀　はじめはなかなか応じなかったようです。あとでお話ししますが、籠池夫妻が二〇一五年三月一五日に「（土壌改良中に）ゴミが出てきた」と財務省にねじ込んだときの音源データという、動かぬ証拠が出てきたので観念して応じたのでしょう。（同つどいより）

望月　これまでの話を総合すると、やはり昭恵夫人がかかわっていたのは明白なわけですね。

古賀　はい。官邸主導の報道では谷氏のファックス（資料一）前半部分をもとに、「現状ではご希望に沿うことはできないようでございますが」といったお断りの部分のみが強調され、これをもって「ゼロ回答だったので問題はない」と押し切ろうとしていました。しかし後半には「なお本件は昭恵夫人にもすでに報告している」と昭恵夫人が認識していたという、大変重要な内容が書かれています。また二枚目のファックスには（資料二）、一〇年の定借の是非、五〇年定借への変更の可能性、土壌汚染や埋設物の撤去期間に関する資料の扱い、特に、工事費の立て替え払いの予算化についても書かれていることは「ゼロ回答では決してなかった」証ですね。

望月　午後からの衆議院の証人喚問では民進党（現・立憲民主党代表）の枝野幸男《えだのゆきお》氏の質問に対して籠池氏が読み上げたとき議場内がどよめきましたよね、このとき。衆参両院の証人喚問後に、外国特派員協会で開かれた籠池氏の会見時に配付された資料がこれです。（資料一と二）官邸もファックスの存在と内容は認めています。余談になりますが、相当あわてて出したらしく、谷さんの携帯番号等も黒塗りされることなくそのままコピーされて配られました。

（資料一枚目）

塚本幼稚園　幼児教育学園

総裁・園長

籠池　泰典　様

前略　平素よりお世話になっております。

先日は、小学校敷地に関する国有地の売買予約付定期借地契約に関して、資料を頂戴し、誠にありがとうございました。

時間がかかってしまい申し訳ございませんが、財務省本省に問い合わせ、国有財産審理室長から回答を得ました。

大変恐縮ながら、国側の事情もあり、現状ではご希望に沿うことはできないようでございますが、引き続き、当方としても見守ってまいりたいと思いますので、何かございましたらご教示ください。

なお、本件は昭恵夫人にもすでに報告させていただいております。

内閣総理大臣夫人付　谷査恵子

※明日より出張のため、携帯番号がしばらくつながらない可能性がございます。ご迷惑をおかけいたします。

（資料二枚目）

籠池様

平素よりお世話になっております。

先月頂戴しました資料をもとに、財務省国有財産審理室長の田村嘉啓氏に問い合わせを行い、以下の通り回答を得ました。

1）一〇年定借の是非

通常、国有地の定借は三年を目安にしているが、今回は内容を考慮し、一〇年と比較的長期に設定したもの。他の案件と照らし合わせても、これ以上の長期定借は難しい状況。

2）　五〇年定借への変更の可能性

政府としては国家財政状況の改善をめざす観点から、遊休国有地は即時売却を主流とし、長期定借の設定や賃料の優遇については縮小せざるをえない状況。介護施設を運営する社会福祉法人への優遇措置は、待機老人が社会問題化している現状において、政府として特例的に実施しているもので、対象を学校等に拡大することは現在検討されていない。

3）　土壌汚染や埋設物の撤去期間に関する賃料の扱い

平成二七年五月二九日付　ＥＷ第三八号「国有財産有償貸付合意書」第五条に基づき、土壌汚染の存在期間中も賃料が発生することは契約書上で了承済みとなっている。撤去に要した費用は、第六条に基づいて買受の際に考慮される。

4）　工事費の立て替え払いの予算化について

一般には工事終了時に清算払いが基本であるが、学校法人森友学園と国土交通省航空局との調整にあたり、「予算措置がつき次第返金する」旨の了解であったと承知している。平成二七年度の予算での措置ができなかったため、平成二八年度での予算措置を行う方向で調整中。

古賀　官邸は、この文書そのものが谷氏の独断で書かれたもので、昭恵夫人は関与していないとしました。それならなぜ、谷氏本人を証人喚問しなかったのか。渦中の谷氏は二〇一七年八月、在イタリア日本大使館一等書記官になりました。これは、異例の栄転です。イタリアはヨーロッパのなかでも、みんなが行きたがる国なんです。ノンキャリアの谷さんが、外務省へ、しかも一等書記官ですから、かなりの厚遇ですね。

昭恵夫人付職員として真実を知り得る立場にいながら、無言を貫いたことへの論功行賞であるのは間違いないと、これまた官僚ならば誰もがわかること。安倍首相という権力者に逆らわず不利益なことをしない者は、守ってもらえ、最終的には報酬を手にすることができる。官僚たちは改めて、そのことを心に刻んだはずです。

望月　最後に昭恵夫人が二〇一五年九月五日、塚本幼稚園で講演を行ったときのことを。午前の部終了後、籠池氏から正式に名誉校長就任を依頼され快諾。その午後からの第二部の講演で語った内容です。「名誉校長就任」を嫌がっていませんし、自ら喜んで関与したのは明らかですね。

「瑞穂の國記念小學院、え〜、来年開校予定だったのが再来年に延びたということでございますけれども、素晴らしい小学校が出来るということで、私もあの、名誉校長で私はいいのかしら？（笑）と、思いますけれども。あの、何か籠池園長、そして副園長のもう本当に熱い熱い、この国に対する、教育に対する思い。お手伝いできればなぁというふうに思っているところです。

（著述家・菅野《すがの》完《たもつ》氏音声データより）

門柱に、瑞穂の國記念小學院（安倍晋三記念小学校）の表札が納まることはなかった

©Yoshiro Sasaki 2018

近畿財務局の忖度

【近畿財務局】 大阪市にある財務省の地方支分部局で、六府県を管轄している。「総務部」「理財部」「管財部」などがある。

「近畿財務局は近畿地方（大阪・京都・兵庫・奈良・和歌山・滋賀の二府四県）における財務省の総合的な出先機関として財政及び国有財産に関する仕事を行うとともに、地域経済の実情やニーズを的確に把握して、財務省の施策に反映させるなど、いわば財務省と地域をつなぐパイプの役割を果た」す。「また、金融庁の委任を受けて金融に関する仕事を行って」いる。

（財務省近畿財務局ＨＰより）

短期間で消去され復元できない情報システム

望月　二〇一七年三月二二日の衆議院財務金融委員会で、政府参考人として聴取を受けた佐川宣寿理財局長（当時）は、ほとんどの質問に対して「改めて私どもから個別に確認をすることを控えさせていただきたい」という「逃げ」の答弁を繰り返しました。さらに二〇一七年四月三日の衆議院決算行政監視委員会では、行政文書の管理について「私ども行政文書は、紙も、パソコン上のデータも、同様の取扱い（不要になったら廃棄）をしてございます。パソコン上のデータもですね、短期間で自動的に消去されて復元できないようなシステムになってございます」という、誰もが耳を疑うような答弁をしました。ネット上で「スパイ大作戦かよ」「税務調査が来たら同じこと言うぞ」と炎上しましたね。

古賀　四日後の四月七日の衆議院内閣委員会で、中尾睦《なかおむつみ》理財局次長（当時）が「自動消去機能というのは基本的にございません」「消去は職員がパソコンを操作して行う」と先の佐川答弁を事実上修正しました。佐川さん自身、こんな答弁はカッコわるいとか、誰も信じないだろうとか、国民に批判されるだろうなとかいうことは百も承知です。にもかかわらず、全くブレず、一ミリもブレず、否定し続ける。なぜなら、それが役所内ですごく評価され、安倍総理からも感謝されるのがわかっているからですよ。これが、官僚の忖度です。

「知らない」「ない」が一番の答え

望月　テレビでどれほどカッコ悪く見えても、国民に非難されても、むしろ逆にそうであればあるほど、安倍さんや官邸に評価される。とにかく、「知らない」とか「ない」と言うのが一番。これ以上探られないし、もう出しようがないという究極の答えなのですね。「近畿財務局と森友学園との交渉・面談記録」の存在について問われた佐川理財局長は、「本件交渉記録は、森友学園への国有地売却の事案は、契約の締結をもって終了したので、省内の規則に従い、保存期間一年未満の文書として廃棄した」と答弁しています。

古賀　これに関しては会計検査院も二〇一七年四月二五日の国会で「契約締結で事案終了と認めることにはならない」と説明しています。つまり、森友学園との土地売買契約は、代金の支払いが一〇年間の分割となっている以上、契約締結によって終了ではなく、したがって契約締結完了時に廃棄してよい行政文書ではない。

望月　一〇年先の支払い完了時に廃棄ならわかるけど、ということですね。この文書の廃棄行為は、本来なら刑法の背任罪や証拠隠滅罪に該当するでしょう。

　ところが、証拠書類が見つかった。財務省近畿財務局は「今後の手続きについて（説明

財務省はこれまで、一貫して森友側と国有地売買について事前協議したことはないと説明してきた。それが〈5月を目処に締結〉なんて具体的時期を提示し、〈ご協力いただきありがとうございます〉これぞ、財務省が「安倍晋三記念小学校」建設のために“忖度”して動き回ったことを示すメールである

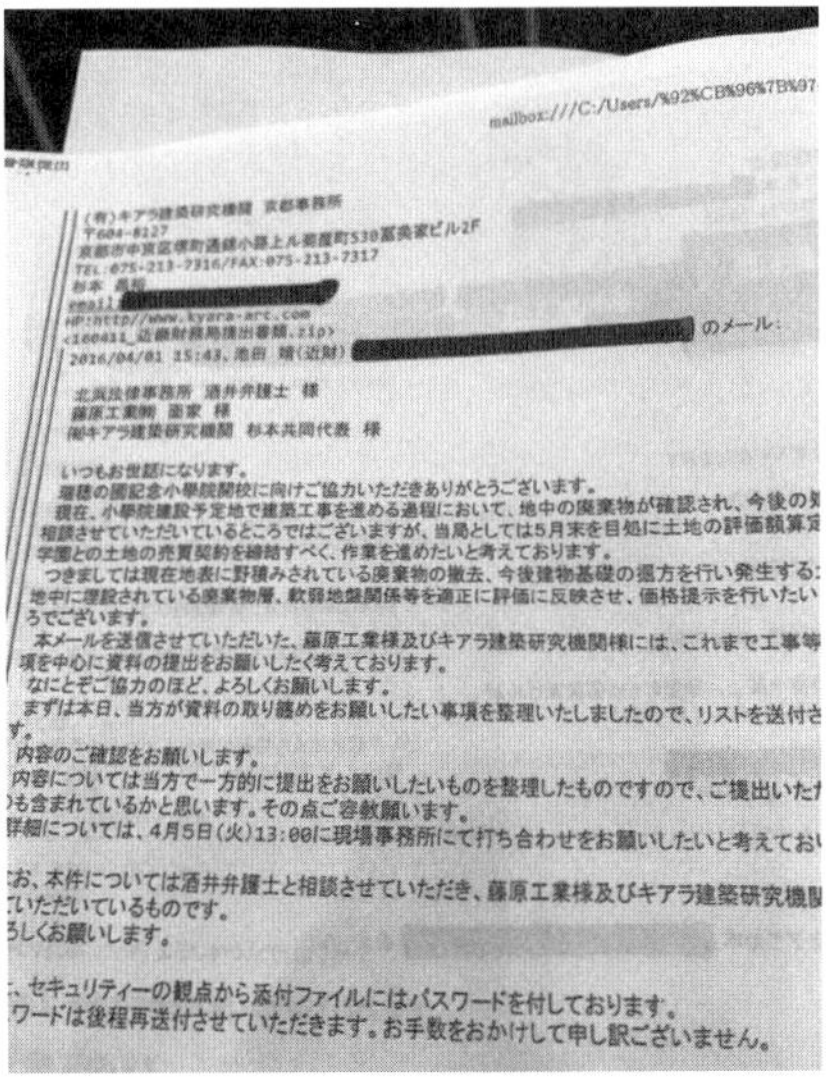
mailbox:///C:/Users/%92%CB%96%7B%97

TEL:075-213-7316/FAX:075-213-7317

email:[redacted]

HP:http://www.kyara-art.com

[redacted] のメール:

2016/04/01 15:43、池田 靖(近財) [redacted]

いつもお世話になります。

瑞穂の國記念小學院開校に向けご協力いただきありがとうございます。

現在、小學院建設予定地で建築工事を進める過程において、地中の廃棄物が確認され、今後の

相談させていただいているところではございますが、当局としては5月末を目処に土地の評価額算定

学園との土地の売買契約を締結すべく、作業を進めたいと考えております。

つきましては現在地表に野積みされている廃棄物の撤去、今後建物基礎の掘方を行い発生する

地中に埋設されている廃棄物層、軟弱地盤関係等を適正に評価に反映させ、価格提示を行いたい

ろでございます。

本メールを送信させていただいた、藤原工業様及びキアラ建築研究機関様には、これまで工事等

項を中心に資料の提出をお願いしたく考えております。

なにとぞご協力のほど、よろしくお願いします。

まずは本日、当方が資料の取り纏めをお願いしたい事項を整理いたしましたので、リストを送付さ

す。

内容のご確認をお願いします。

内容については当方で一方的に提出をお願いしたいものを整理したものですので、ご提出いた

のも含まれているかと思います。その点ご容赦願います。

詳細については、4月5日(火)13:00に現場事務所にて打ち合わせをお願いしたいと考えてお

お、本件については酒井弁護士と相談させていただき、藤原工業様及びキアラ建築研究機

ていただいているものです。

ろしくお願いします。

、セキュリティーの観点から添付ファイルにはパスワードを付しております。

ワードは後程再送付させていただきます。お手数をおかけして申し訳ございません。

菅野完氏提供

記録が必要な理由

20170811 ぼうごなつこ

資料）」と題した手順書を作成して、二〇一四年一二月一七日、森友学園に渡していました。「土地取得要望書の提出」から始まり、最終的に「売買契約に至る道筋」まで、懇切丁寧に書き記されています。

その後、近畿財務局の池田靖《いけだやすし》管財部統括官が二〇一六年四月一日に、小学校の設計を担当したキアラ建築研究機関に送ったメールも明らかになりましたよね。佐川局長は事前協議はなかったと答弁していたけれど、メールに「当局としては五月末をめどに土地の評価額算定を実施し、森友学園との土地の売買契約を締結するべく作業を進めたいと考えております」とある。これは明らかな事前協議でしょう。しかもこの池田メールの冒頭は「いつもお世話になります、瑞穂の國記念小學院開校に向け御協力いただきありがとうございます」です！

陳情に行った民間人に頭を下げる役人

古賀　キアラ側が役人に「お世話になります」というならわかりますが、反対に役人がキアラに頭を下げていたんですね。「瑞穂の國記念小學院開校に向けて協力してくれてありがとう」と。財務省の官僚は、こんなこと絶対に言わないし、立場上あり得ません。国の政策への協力への礼ならまだわかるけど、学校開設という陳情の実現への協力って、いったい何なんだという感じですね。

望月　まさに忖度ですね。それから三カ月後、佐川理財局長の国会答弁を完全に覆す内容の音声データが関西テレビの番組『報道ランナー』から出てきましたね。そして二〇一七年一一月二七日の衆院予算委員会で財務省はようやく、「口裏合わせ」をしたことを示す、音声データの存在を認めました。籠池さんと近畿財務局の会話を聞けば、ゴミ撤去費用を過大に評価しこれを極端に低廉で不適正な対価をもって譲渡しようとした意図が理解できるでしょう。

●国土交通省大阪航空局の職員　「三メートルまで掘っていますと、土地改良をやって、その下からゴミが出てきたと理解している。その下にあるゴミは国が知らなかった事実なので、そこはきっちりやる必要があるでしょうというストーリーはイメージしているんです」

●近畿財務局の池田靖管財部統括官（当時）「資料を調整する中で、どういう整理をするのがいいのかご協議させて頂けるなら、そういう方向でお話し合いさせてもらえたらありがたい」

以下日時を変えて

●近畿財務局の池田靖管財部統括官（当時）「できるだけ早く価格提示をさせてい

ただいて、ちょっとずつ土壌も処分しているけど、ある前提で全部、想定の撤去費を評価から控除する。で、金額を提示させていただくということなんです。ですので、そこそこの撤去費を見込んで、価格計上をさせてもらおうと思ったんですよ。だから、われわれの見込んでいる金額よりも（撤去費が）少なくても、われわれは何も言わない」

「理事長がおっしゃられてる『〇《ゼロ》円に近い（譲渡対価希望金額）』というのが、どういうふうにお考えになられているのか、売り払い価格が〇《ゼロ》円ということなのかなとは思うんですけど、私ども以前から申し上げているのは、『有益費』の一億三〇〇〇万円という数字を国費として払っているので、その分の金額ぐらいは少なくとも売り払い価格は出てくると、そこは何とかご理解いただきたい」

●籠池元理事長　「（池田氏が）言っているような（有益費の）一億三〇〇〇万円がうんぬんというよりも、ぐーんと下げていかなあかんよ」

●近畿財務局の池田靖管財部統括官　「理事長がおっしゃる〇《ゼロ》円に近い金額まで、私はできるだけ努力する作業を、いま、やっています。だけど一億三〇〇〇万円を下回る金額にはなりません」

（関西テレビ『報道ランナー』「徹底ツイセキ」より）

古賀　これ、売主の近畿財務局の役人がわざわざ森友学園（塚本幼稚園）に出向いていたことがまず驚きです。そして、もちろん森友学園が財務省に対して払い下げ価格を値切るのはわかりますが、値切られた側の財務省がこの土地賃貸借契約の貸主としてあるまじき発言をしている。すでに森友学園に支払っている有益費（当初のゴミ処理費）一億三一七六万円を下回る価格設定はできないが、それを除けば実質〇《ゼロ》円にしますと約束するかのように、事前に発言していた。そして、本件土地譲渡にあたって言ったとおりの金額になるよう算定がなされたんですね。本当に驚きの内容です。

大阪府①

国からの圧力

圧力を認めた松井・橋下、両氏の計算

望月 大阪府の松井一郎知事と橋下徹氏は、森友問題について国からの圧力の存在を認めています。自治体の責任者が国との内輪のやりとりを明かすのは、かなり異例のことではないでしょうか。

古賀 たしかにあまり前例のないことです。大阪府の松井一郎知事は二〇一七年三月一三日、大阪市の吉村洋文《よしむらひろふみ》市長との会議後の記者会見で、「府が森友学園に小学校設置を認可したのは、国から何度も足を運ばれたからだ」と認めました。一見、事実を真摯に語っているように見えますが……。

望月 松井知事はこの会見から三日後、記者団に囲まれて「学園の理事長と二人で会ったとか、森友を優遇せえ、という指示をしていたら、辞めます」と安倍首相同様、自らの進退をかけた宣言をしました。これも大変潔い態度に見えますが、実のところ計算ずくの発言だと

考えられます。このあと詳しく述べますが、自分が直接法を犯していない点については言及して反省しているのですが、大阪府という役所としては、実は違法行為を犯しているのに、それには触れない。決定的に都合が悪いことがあって、それを隠すための策としか思えません。

古賀　松井知事は「ニワトリが先かタマゴが先か」をたとえに出しながら、「国（国有地）の売り渡しを審議会にかけるために、国（近畿財務局）から『大阪府として（設置認可の）見込みを発表してくれ』と言われたんです。これ、あえて国からね、そういうかたちで府の私学課のほうに何度も足を運ばれた……国は相当な圧力？　というより（新しい学校をつくるために）親切やなと、思いましたよね……国がそこまでやるなら、認めましょうと……」と話しています。

望月　私が驚いたのは、「近畿財務局が国有地売却でなぜ八億円も値引きをしたのか」という森友学園問題の核心部分。松井知事は、不可解な減額で税金を無駄にした理由について、まるで他人事のようにこう推測しています。「安倍晋三首相の妻の名前が（小学校の）パンフレットに出ている

「みんなが慮ったんでしょう」と答える松井大阪府知事。
テレビ朝日『報道ステーション』2017年3月16日放映より

のを（財務省近畿財務局が）見て『うまくいくようにしてあげよう』『親切に対応しよう』と思ったのではないか」

そして橋下徹前知事も、松井知事の記者会見と同じ一三日の『橋下×羽鳥の番組』（テレビ朝日）のなかで、こんな発言をしています。

「これははっきり言って、森友学園の問題となっている土地の上で小学校を開かせると、その計画のもとにみんながわーっと動いていたのは間違いないです」

「大阪府がある意味、ルールに逸脱したかたちで認可を出したじゃないかというのは、その通り」

「いろいろ確認しましたら、大阪府の言い分はですね、『国から相当圧力を受けた』と。近畿財務局のほうから、もうこれはなんとか条件付きでもいいから認可を出してくれ、出してくれと……（中略）。近畿財務局なんていうところは、住民のために一生懸命走り回るなんてことは、まずしません。もうルールに違反していたら、『これは無理です』とやるんですよ。それが必死になって、大阪府の方に来て、大阪府のほうは『このままだったら認可は出せません』って言ったときに、『いや、これは条件付き認可でこういうふうにできるんじゃないか。先になんとか認可を出してもらえないか』。ありとあらゆることを言ってきて、これは大阪府はね、大阪府の問題だと思うんだけど、まあ、大阪府の言い分としては『国に言われてやってしまった』」

古賀　松井知事も橋下さんも、大阪府の責任問題にしようとする官邸の思惑を察知して、防御にでたのかもしれません。「国から相当な圧力があったので、森友学園がつくろうとする瑞穂の國記念小學院に仕方なく認可を下した」と。お二人はこの件をわざわざツイッターでもやりとりしているのです。

ツイッターのやりとりでは、「申請者の財政シュミレーション丸呑みしたため、騙された」（前・原文ママ）「規制緩和後の審査基準のチェックが甘かった」など、微妙に問題の焦点をずらしています。確かにこの部分においては、大阪府は法を犯していません。しかし、あとで詳しく触れますが、重要な点は、借地の上に小学校の校舎を設置できないというルールがあったにもかかわらず、これを認めてしまった。つまり、違法行為を行ったという事実です。その問題をごまかそうとしているのです。そして国側への責任転嫁ですね。ふたりでツイッターでやりとりするのも、まるで後付けのアリバイづくり漫才のようです。

望月　三月二三日は、国会での籠池氏の証人喚問に注目が集まりました。同じ日に大阪府議会では大阪府私学審議会の梶田《かじた》叡一《えいいち》会長の参考人招致が行われています。

古賀　松井知事も橋下さんも、「国の圧力があったから、自分たちもルールを曲げて認可適当としました。少し手落ちはありましたけどね」と、あっけらかんと認めている。そして、あとは籠池氏というおっちゃんがすべて悪いというかのごとき態度です。こういう不誠実な態度を取ると、逆にどうも松井知事も橋下さんも、この森友学園問題で、もっと隠しておきたい、目を向けられたくないことがあるんじゃないかと疑惑の目で見られてしまうということに、気づいていないんでしょうか。

松井知事が掛けたハシゴ

ニワトリが先か、タマゴが先か？

望月 森友学園の小学校開設は一旦認可されたものの、その後、絶望的状況になりました。

古賀 しかし、言えるのは、籠池さんひとりの画策で、あのような前例のない私学認可や土地取得は不可能だということです。大阪府や近畿財務局が歩調を合わせて動いて初めて、実現したことです。私は、森友も加計問題も、もっと「手続き論」にフォーカスして追及することが大事だと思います。

望月 参議院予算委員会の証人喚問の場で籠池さんは、この件で、「ハシゴを外された」と怒りを覚える人物として、「大阪府知事」と連呼して、話題になりましたね。

古賀 籠池さんが、日本維新の会の松井知事に「ハシゴを外された」と感じる理由は、認可の仕組みを知ると理解できます。国有地を管理する近畿財務局は、大阪府が小学校設置を認可しなければ土地取得の認可ができず、反対に大阪府は、近畿財務局が土地取得を認めなければ小学校の設置認可ができない。そこをうまく乗り越えて初めてうまく行くということなんですね。

望月 二〇一七年三月二三日、衆議院予算委員会で行われた籠池さんの証人喚問で、最後に登場した日本維新の会の下地幹郎《しもじみきお》議員は「松井知事に（小学校設置認可を）働きかけたことはないのは本当か?」と質問しました。それに対して籠池さんは「大阪府、松井知事の意向が審議会に圧力となってあったのではと推測している」と答えました。さらに、続けて「当時の近畿財務局の土地を定期借地することになりました。その前に私学審議会の答申がでないと借地できない。ですから、近畿財務局から大阪府へ働きかけしたでしょうし、大阪府から近畿財務局へも問い合わせたと思います。お国の方のなかで中身のことでいろいろな事柄で話が渦巻いて、私学審議会でも条件付きで認可することになったのではないか」と証言しました。

古賀 「ニワトリが先か、タマゴが先か」と話題になりましたね。これ、普通に考えても籠池さんの証言には真実味がありますよね。国と大阪府がお互い連絡を取り合いながらすすめないと、この案件は絶対にまとまらない。それも相当、前のめりにならないと。

大阪府の私学審議会は二〇一四年一二月一八日の定例会で反対意見が出たにもかかわらず、年明け一月二七日に臨時会を開いて、強引に「認可適当」の答申を出しました。

そして、また二月一〇日に開かれた第一二三回国有財産近畿地方審議会では、委員から

「経営は大丈夫なのか」「非常に異例な形だ」「リスクがある」「覚悟はあるのか」と強い異論が出されたにもかかわらず、財務局側が「いろんなことを想定してこの処理スキーム（枠組み）がベストだ」と押し切る形で結論を出しました。

大阪府が犯した、悪質な審査基準無視

望月　維新の下地議員は喚問のなかで、知事から籠池さんへの一連のエールをわざわざ暴露したわけです。私は、この国会中継を見て椅子から転げ落ちそうになりました。先の籠池さんの証言のあとに続くやりとりは、これまたさらに実態を暴露することになりました。

古賀　下地議員は維新の身内である松井知事を擁護するはずが、うっかり「知事がハシゴを掛けた」と発言して、語るに落ちたわけですね。状況に機敏に反応したつもりだったんでしょうが、すっかり裏目に出てしまったというわけです。

望月　下地議員の前に自由党の山本太郎議員が質問しました。おそらくその答えにつられて即興で考えた質問だったのでしょう。

古賀　当時、大阪府知事だった橋下さんは、二〇一一年七月にあった籠池氏の小学校設置の規制緩和の求めに応じた。橋下氏の後を引き継いだ松井大阪府知事は二〇一二年四月に学校の設置認可基準の規制緩和を行います。

それまでは、借入金で私立学校を開設できるのは、小学校や中学校などを運営した実績がある学校法人に限られていました。森友は幼稚園しかやったことがないうえ、借金もありました。従来の規定なら小学校をつくる資格がなかったはずですが、それを、変えさせたわけです。

もっとも、そこまでは、表向きには正式な手続きを踏みました。パブリックコメントの手続きも経て大阪府のルールを正式に変更していったのですから、そこまではよいわけです。ところが、それでいてなお、明らかに審査基準を無視して認可した部分があるのです。

前にも少し触れましたが、「大阪府私立小学校及び中学校の設置認可等に関する審査基準」の「資産等」の欄には「校地、校舎その他の施設は、自己所有であること」と明記されています。つまり、森友学園のように、借地の上に校舎を建ててはいけないという規制がある。この審査基準も変えていれば何の問題もなかったのですが、変えないまま大阪府は認可してしまっている。松井知事が「申請書類に虚偽記載濃厚」という理由で籠池氏を詐欺師扱いして「ハシゴをはずした」のは、松井知事や橋下前知事が犯した、もっと悪質な審査基準違反という行為から衆目をそらせるという目的もあったのだと思います。

望月　森友学園の新設小学校建設予定地は借地契約だったわけですから、本来なら大阪府に小学校設置の申請そのものができない、エントリーする資格、スタートラインに立つための条件すらそなわっていなかったのですね。

古賀　そうです。大阪府は、森友学園からの申請そのものを、受理せず、はね返さなければならなかったのです。この規則を捻じ曲げてまで森友学園を優遇し、認可した。たしかに橋下前知事と松井知事は、森友学園の籠池さんにハシゴを掛けたのです。

大阪府③

知事と私学審議会

【私立学校審議会（私学審議会）】「私立学校審議会とは、私立学校法に基づき設置を義務付けられた知事の諮問機関であり、知事が私立学校の設置認可や廃止など一定の事項を行う場合、あらかじめ私立学校審議会の意見を聴かなければならないこととされて」いる。「知事は、私立学校審議会の答申を受けて、その意見を尊重しながら最終的な意思決定（認可の可否等を判断）を行うこと」

（「　」内は大阪府ホームページ掲載）

朝日のスクープで始まった森友マスコミ報道

望月　森友問題は二〇一七年二月九日の朝日新聞のスクープで実質的なマスコミ報道が始まりました。古賀さんはかなり反応早かったですね。そこに松井知事がからんできます。

●日刊ゲンダイデジタルツイッター「二〇一二年に松井一郎知事の下、突然『借り入れありの幼稚園』も小学校参入ができるように『私立小学校設置基準』を改正。森友学園のために基準を緩和したのではないかと疑われています」

（二〇一七年二月二四日一四時〇〇分）

●古賀茂明ツイッター「二〇一二年から動いていたのか！　私立小学校設置認可は大阪府の権限。一四年一二月大阪府私立学校審議会で要件満たさずとして認可了承されず、一五年一月に臨時会を森友学園のためだけに無理矢理開いた。少なくともこの時点で、設置認可ありきだったということ。これでも松井知事は無関係？」

（同日二一時五〇分）

●松井大阪府知事ツイッター「この人（注・古賀茂明）、民主党時代に大飯原発再稼働を橋下前市長と僕が容認したあたりから、反橋下反松井と逆ギレ状態。私学審議会の開催は審議会会長判断であり、認可権限は教育長です。私怨によるゲスな勘ぐりとはこの事ですね」

（二〇一七年二月二五日六時三五分）

●上西小百合《うえにしさゆり》衆議院議員（当時）ツイッター「これこそが松井府知事の狡猾さを物語っています。平成二七年一月二七日に私学審議会が『瑞穂の國記念小學院』の設置を認可適当と認めた直後、貴方は認可権限を教育長に〝委任〟しています。これは学校に何かあった場合、教育長に責任を押し付けて自分が逃げられる抜け道を作ったと私は解釈しています」

（同日一四時二七分）

度重なる知事と私学課の打ち合わせ

望月　ところで、松井知事の日々の動きについては大阪府ホームページの「知事の日程」で閲覧できます。ここから、私立小学校の設置認可を担当する私学課（私学・大学課）の吉本馨課長と松井知事の打ち合わせを拾い上げてみました。二〇一三年から二〇一五年まで調べましたが、私学課との打ち合わせは多くても月三回まで。ゼロの月もあります。そういうなかで二〇一四年一〇月だけが七回。

古賀　私も調べて気づきました。打ち合わせ回数が突出してますね。

望月　近畿財務局などの動きと合わせて、知事の動静を時系列で見てみましょう。

二〇一四年知事の日程

●一〇月二日　近畿財務局担当課長級の「統括管理官」を含む数人が私学課訪問

一〇月七日　打ち合わせ（私学・大学課）——約五〇分

一〇月八日　打ち合わせ（私学・大学課）――約三〇分
一〇月一四日　菅内閣官房長官との面会　国会議事堂　時間不明
一〇月二〇日　打ち合わせ（私学・大学課）一回目　――約六〇分
一〇月二〇日　打ち合わせ（私学・大学課）二回目　――時間不明
一〇月二一日　打ち合わせ（私学・大学課）――約五〇分
一〇月二一日　教育常任委員会
一〇月二三日　大阪府私立幼稚園連盟との意見交換
一〇月二三日　打ち合わせ（私学・大学課）――時間不明
一〇月二四日　打ち合わせ（私学・大学課）――約一〇分
一〇月二四日　大阪府私立幼稚園連盟との意見交換（第二回）
一一月六日　宮下財務副大臣との面会　財務省
●一一月一九日　近畿財務局職員二人が私学課に、小学校の実現可能性を尋ねる照会文を持参。府側は「正式な認可申請が出ていない段階で回答は難しい」と答えたが、財務局側から「それでも構わないから照会文を受け取ってほしい」と言われ、受け取ったという
一二月一六日　打ち合わせ（私学・大学課）――約一一〇分
一二月一六日　打ち合わせ（空港・広域インフラ課）

●一二月一八日　私学審議会定例会

こうしてみると、一二月一六日の私学・大学課との打ち合わせ約一一〇分やそのあとに続く空港・広域インフラ課との打ち合わせは、二日後にひかえた私学審議会に向けた最終的な詰め、確認に費やされたのではと考えられます。

古賀　つまり松井知事は、知事の諮問機関である定例の私学審議会に照準を合わせて、森友学園に「認可適当」を出すため頻繁に私学課の吉本課長と打ち合わせを行っていたという推測ですね。もちろん、松井知事はそんなことないというかもしれません。でも、もしそういうのであれば、そのことを証明するためにその打ち合わせの内容を残したメモを公表すべきでしょう。

ただならぬ雰囲気だった私学審議会

望月　そうですね。私学審議会で瑞穂の國記念小學院設置の件がはかられましたが、「申請内容等において確認すべき点があるため、継続案件とする。臨時の審議会で審議する」という結果になりました。このときの議事録は随所に黒塗りがあり、どの委員がどんな発言をしたかも確認できません。しかし梶田叡一会長は、NHKのインタビューで会議の内容を明かしています。

ほとんどの先生が経験がない人でやるのは、「本当に何を考えているのか」という、疑問を通り越した驚きの声も委員から出た。

新しい私立の小学校・幼稚園が、土地がないままで申請書類が出てくるのは普通ありえない。これは、まあ前例のない話。もう一つは資金計画。手持ちの資金が、普通に学校を作る時に比べれば大幅に足りなかった。

古賀　審議会のただならぬ空気が伝わってきます。普通の感覚でいえば、認可が下りるわけのない状況ですね。

望月　梶田会長は、大阪府議会の参考人招致で「土地を取得していない状況で審議に入ったことは極めて異例だった」と述べているのです。「土地の取得がなければ学校なんか設立できないわけですから、大前提。ただ、森友学園は異例なんですよね。すでに土地を持っていてやる、契約が結ばれてやるのが普通なんですが、今回はそれはなかった」。そのうえで、「しかし、確約があったんですね、国から。こちら（大阪府）で認可適当が出れば必ず国の審議会で森友側に土地が渡るようにしますと」と、さらに踏み込んで国からの圧力があったことを証言しています。
年が明けるといよいよ大詰めです。さらに知事の動静を見ましょう。

二〇一五年知事の日程

一月七日　打ち合わせ（私学・大学課）
●一月八日　近畿財務局職員二人が来庁。私学課の補佐が「いつ（認可適当の）答申が得られるかわからない」と話すと「私学審の結論を出す時期などある程度、事務局でコントロールできるのでは」と語った
一月一九日　菅内閣官房長官との面会　首相官邸
●一月二七日　私学審議会臨時会で、瑞穂の國記念小學院の設置の件が「認可適当」とされる
二月二日　打ち合わせ（私学・大学課）
二月六日　打ち合わせ（私学・大学課）
●二月一〇日　第一二三回 国有財産近畿地方審議会開催

役人が用意したシナリオ

望月　ここからの管轄は国になります。
　二月一〇日の国有財産近畿地方審議会での諮問事項はただ一つ。「豊中市に所在いたします普通財産を小学校の敷地として処理する事案」のみ。これに先立って大阪府の私学審議会も臨時で開催されています。

古賀　これはもちろん背後で連携しているからでしょう。タマゴ（大阪府）が先に決まりニワトリ（財務省近畿財務局）の議決待ちになったのです。

望月　会議の席上、近畿財務局の立川敏章《たつがわとしあき》管財部次長（現・財務省理財局管理課国有財産情報室長）は、対象財産（国有地）の詳細と森友学園の概要説明を行い、大阪府の私学審議会と国有財産近畿地方審議会の両者が認可した場合に初めて私学の学校が新設できるということを述べています。私学審議会で森友学園の小学校新設が継続審議とされた理由については、「小学校建設計画の明細や生徒数確保の見込み等について、根拠資料の追加を求められたためでございます」と簡単な説明をしたのみで、私学審議会の梶田会長の発言にあった「新しい私立の小学校、土地がないままで申請書類が出てくるのは普通ありえない」といった状況は、こちらの審議会の委員には全く説明されていません。

古賀　背後で連携しながら、都合が悪いところは説明を省く。審議会がある種の「茶番」であることが、会長自身の発言で暴露されていますね。

望月　さらに本来自、己所有の土地でなければ学校の設置基準を満たさないにもかかわらず、建設予定地についてサラリと「一〇年間の事業用定期借地契約となります」と委員に説明しています。

古賀　当たりさわりのない説明には延々と時間をかけて、触れてほしくないところは流す。あらかじめ役人が用意したシナリオ通りに議事が進行している様子が目に浮かびます。

望月　極めつけは、今後のスケジュールとして「本審議会にて、処理適当との答申が得られましたら、本年二月中に学校法人森友学園と事業用定期借地契約及び売買予約契約を締結することとしております。校舎等建設工事につきましては、三月に着工し、平成二八年三月に完成する見込みです。開校は四月の予定としております」という説明。土地も建設資金もなく、教師はもちろん生徒の確保さえおぼつかないまま、「森友学園の開校予定」が見込まれていたのです。

古賀　梶田会長は、極めて異例な私学審議会臨時会を開いて、強引に「認可適当」と答申しました。彼は、渡部昇一《わたなべしょういち》、岡田幹彦《おかだみきひこ》、八木秀次《やぎひでつぐ》らの保守論客とともに『日本再生と道徳教育』なる本を出している人物。出版元のモラロジー研究所は、道徳教育による「日本人の心の再生」を主張する修養・道徳団体で、廣池幹堂《ひろいけもとたか》理事長は少なくとも二〇一六年七月一日ま

望月　では、日本会議の代表委員でしたね。

古賀　ここにも日本会議人脈が流れていたのですね。

望月　梶田氏は二〇一五年九月四日、自身が理事をつとめる奈良学園大学信貴山グラウンドで行われた、重心道陸上クラブの親子重心道教室に参加していますが、ここに昭恵夫人も駆けつけて参加者の前で挨拶している。またしても……という感じですが、昭恵夫人は「一般社団法人重心道」の顧問を務めています。

古賀　二〇一五年九月といえば、五日に塚本幼稚園での昭恵さんの講演、一〇〇万円寄付、名誉校長就任承諾……。いろいろな接点が見えてきました。

森友利権に群がる人々
～維新の会と藤原工業～

【政治献金】　政党や政治団体などに対して行われる献金のこと。個人が行う「個人献金」と、企業や労働組合などが行なう「団体献金」の二つがある。企業からの献金を受けとることができるのは政党（政党支部を含む）のみで、政治家個人は禁止されているが、抜け穴もある。個人・企業はいずれも献金額の上限が定められている。政治家は、活動するためのお金を、①寄付（献金）②政治資金パーティー収入③政党交付金の大きく三つから得ている。

大阪府の規制緩和の深層とは

望月　橋下徹氏が大阪府知事時代の二〇一二年四月、大阪府は私立小学校開設の認可基準を緩和しました。基準改正後の認可第一号が森友学園です。しかしこの五年間で今日まで森友学園以外に、この認可基準に準じて応募したところはひとつもありません。

古賀　松井知事や橋下さんは結局のところ「森友事件は国からの圧力で起きた」と責任転嫁しているのです。維新の議員と事件関係者にはつながりがあるので、今回の森友をきっかけに芋づる式に新たな疑惑が取り沙汰されることを危惧したのかもしれません。

望月　日本維新の会と森友学園関係者のつながり。まだまだ闇は深いのですが、俯瞰して見ると、森友学園にただ同然で国有地を売却するために、安倍首相を頂点とする自民党が官僚を動かして、いろいろ画策して動いたのがこの事件の主軸です。その流れのなかで、橋下さんを精神的支柱とする維新は、学校認可や建設業者選定など具体的な事務作業を進めていったわけです。自民の要求通りに動く一方で、自分たちは裏でさまざまな利権獲得や金儲けに励もうとした、という構図が見え隠れしています。

古賀　自民がプランナー、大阪府が実行部隊というわけなんですね。大阪府全体を事実上維新が牛耳っているということを考えると、森友をめぐる各種利権にかかわる人が、それぞれに群がるという構図になりやすいですよね。ここは証拠によって確認していく作業が必要でしょう。

望月　森友学園が開校を予定していた「瑞穂の國記念小學院＝安倍晋三記念小学校」の建設を請け負っていたのは、大阪府吹田市の藤原工業株式会社で、代表取締役は藤原浩一《ふじわらこういち》氏。この会社は二〇一三年、日本維新の会（当時、橋下徹代表）に一〇万円献金しています。これは二〇一七年三月二一日に開かれた大阪府議会都市住宅常任委員会で日本共産党の宮原《みやはら》威府議《たけし》が明らかにしています。

古賀　この会社は府の公共工事をやっているんじゃないですか？　そういう業者から政治献金を受けるのは、問題ですよ。

望月　松井知事は、この献金について「いま初めて知った」「政治資金規正法にのっとって広く献金をいただくことに違法性はない」と答弁しました。確かに献金自体に違法性はないかもしれませんが、大阪府が藤原工業に工事を発注したのは、二〇〇二年以降二〇〇七年までの六年間に一件二億四〇〇〇万円のみ。ところが橋下徹氏が知事に就任した二〇〇八年以降二〇一四年までの七年間は七件二二億円。実に九倍の額になっています。

古賀　瑞穂の國記念小學院の建設と藤原工業の関係は？

望月　小學院の設計・監修はキアラ建築研究機関、施工は藤原工業でした。

籠池氏に藤原工業を紹介したのは元維新で前大阪府議の阿部賞久《あべたかひさ》氏です。彼は取材（『週刊金曜日』二〇一七年四月七日号「道徳利権共同体の〝宿便〟たる小学校建設」）でかかわりを聞かれて、籠池氏に「『業者が決まっているんですか？』と聞いたら『決まってない』と言うから『そんなら藤原工業を使ってやってください』と言うたんです」と答えています。籠池泰典氏の長男・佳茂《よししげ》氏もツイッターで「書けば書くほど怒られるのを承知で。今回の小学校の施工業者を連れてきたのは元維新の会府会議員です。施工会社の下請けに維新の会系の会社が入り、その中には維新の会本部が入っているビルのオーナー会社も関係している様ですよ。これってほんまに松井さん関係ないんかな。ズブズブ違うのか」（籠池佳茂 2017-03-31 07:18:25　アカウントはすでに削除されている）とこの発言を裏づけていますね。余談ですがこの取材の時点で、阿部前府議の事務所は藤原工業の旧社屋だったようです。

古賀　籠池氏は、補助金詐欺を理由に逮捕・拘留されていますね。

望月　籠池氏は、建築設計時における補助金申請のための書類を作成する方法も手段も全く知らなかったのです。大阪地検特捜部が森友事件解決にむけて、本当に真相解明に取り組むならば、この補助金申請を主導したキアラ建築研究機関及び申請に際しての藤原工業とのやりとり及び本命の国交省とのやりとりも調べるべきだと思いますね。

藤原工業が森友学園の小学校建設予定地のゴミの撤去費用九億六〇〇〇万円の見積もりを作成したことは、二〇一七年一一月になってわかりました。藤原工業の下請けでゴミを処理したとされる田中造園土木の工事関係者は、毎日新聞の取材に対して、「ゴミの撤去については契約上は土の中にある廃棄物の塊、障害物を取り除くものだった。すべての撤去は大変だと思い、国に処理の判断を仰ぐと、掘り起こす必要はないと指示された」と証言しました。その記事が掲載された当日二〇一七年三月六日、田中造園土木の秋山肇《あきやまはじめ》社長は自宅で亡くなりました。田中造園株式会社の登記の目的には「産廃業」はなく、産廃業者としての資格も有していないことから推測すると……。ネットなどでは不審死として、騒がれていますが、税務調査が入るなどして、さまざまな要因が重なっての自殺のようでした。

また一方でこの藤原工業は、今回の事件で工事代金の滞納を理由に、これまで仮差し押さえした学園の幼稚園や系列の保育園などに加え、新たに学園理事長だった籠池泰典氏の自宅の仮差し押さえも大阪地裁に申し立てています。

ゴミが地中にないとすでに知っていた藤原工業は、幻のゴミ処理をするために、産廃業者ではなく、つじつま合わせのための、見積書、請求書、領収書を発行してくれる、田中造園を下請け業者に選定した可能性が十分ありますね。そうすれば、その値引き金額の約九億円は浮くわけですから。ただし、そのためには、籠池さんに「ゴミが出てきた。ゴミが地中に埋まっている」と信じ込ませる必要があったのかもしれません。籠池さんが田中造園土木の存在をまったく知らなかったことと話が符合するのです。

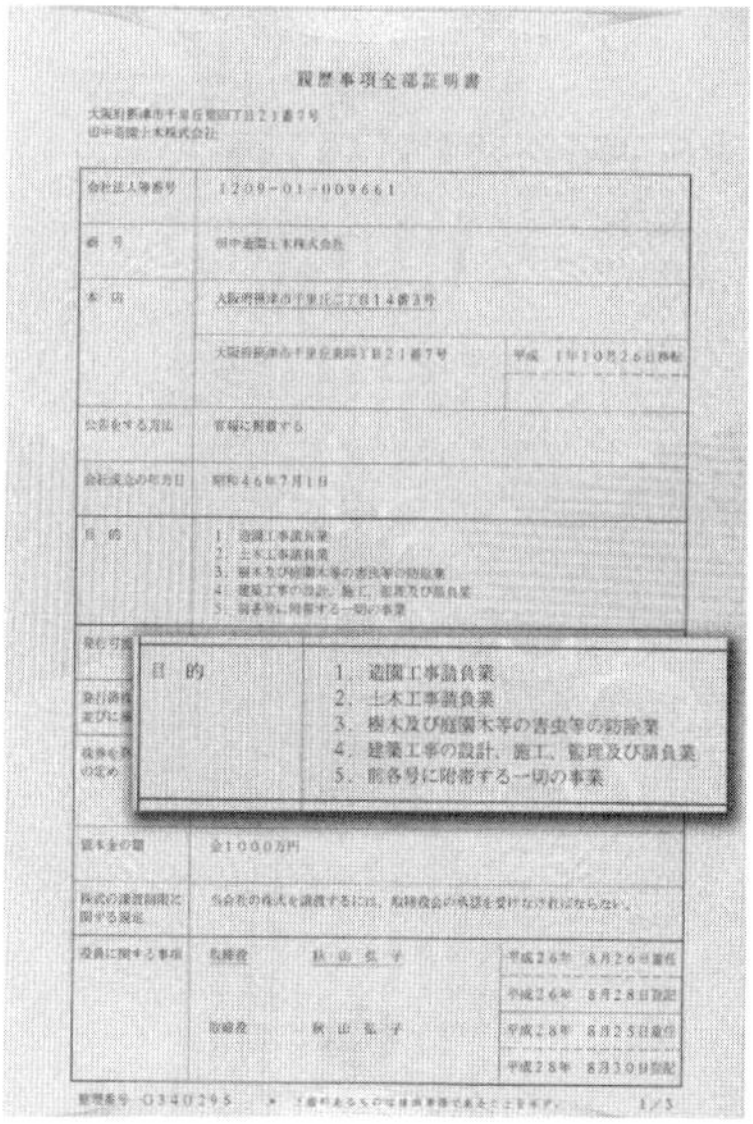
履歴事項全部証明書

会社法人等番号	1209－01－009661
会社成立の年月日	昭和46年7月1日
目的	1．造園工事請負業 2．土木工事請負業 3．樹木及び庭園木等の害虫等の防除業 4．建築工事の設計、施工、監理及び請負業 5．前各号に附帯する一切の事業
資本金の額	金1000万円

田中造園土木株式会社の謄本。「履歴事項全部証明書」

独裁者の閣議決定

【閣議決定】 内閣の意思決定の一形式で、実質的には行政において最高の意思決定となる。法律案や政令・予算など、憲法や法律で内閣の職務権限とされる事項や、国政に関する重要事項が決定される。全国務大臣合意のもとで決定される。

安倍昭恵夫人は「私人」と閣議決定

望月 閣議決定の対象は広範囲で、いろいろなものがあります。それにしても、安倍内閣が行った閣議決定のニュースには驚かされます。たとえばこんな感じです。

●「そもそも」という言葉には「基本的に」という意味もある（二〇一七年五月一二日）

●（「ポツダム宣言については、つまびらかに読んだことはない」と答弁しながら）安倍総理はポツダム宣言を当然読んでいる（二〇一五年六月二日）

●昭恵夫人は「公人」ではなく「私人」（二〇一七年三月一四日）

安倍総理の国語力欠如や失言、そして昭恵夫人の行動をかばうもの。ご都合主義というか、なんでもありですよね。

古賀　政府が意思を決定するために開く会議が「閣議」。反対する閣僚がいた場合は決定することができません。全閣僚の意思統一が必要という建前になっています。ただし、閣僚は首相が指名しますから、反対したらクビにすればいいので、実際には首相の意向が通るのが普通です。内閣による意思決定のなかで、最も高く位置づけされています。

会期中に国会議員が質問主意書を提出すると、内閣には回答の義務があります。質問主意書に対する答弁書は、閣議決定したうえで七日以内に出さないといけないんですよ。そういう意味では、質問主意書に対する答弁書は、受け身そのものです。政府がやりたくてやっているかのような報道は、完全に間違っています。内閣として嫌々している、というのが普通です。

いま望月さんが挙げた閣議決定も、その手続きにのっとったものです。政府の正式見解だという点では重要な決定です。たとえば「安倍総理の妻は『公人』ではなく『私人』である」と閣議決定したことは、森友学園との関係を考えるうえで切っても切れない問題になっていくのです。こうした背景に触れずに、「○○を閣議決定しました」という結果だけを伝えることが多いですが、もう少し説明すれば理解が深まりますよね。

望月　一般の人はこんなことを閣議決定するの？　とビックリです。

古賀　質問主意書への答弁は、内閣としての統一見解を示すものではありますが、拘束力のある法律や政令などとは根本的に異なります。いずれにしても重要なのは「閣議決定した」ということではなく、その内容です。マスコミや私たちが注視すべきは中身。たとえば、政府は森友問題が報道され、籠池氏を証人喚問した五日後にはもう、「森友学園の国有地払い下げで、政治家からの不当な働きかけはなかった」（二〇一七年三月二八日）、と閣議決定しています。こうした内容こそ問題視すべきです。

望月　そういえば、安倍政権では他にも、とんでもない閣議決定がありますね。「『二〇二〇年改憲発言』は自民党総裁としてのもので、首相の職務のものではない」とか「憲法九条は核兵器の保有および使用を禁止しているわけではない」など。議論をつくさず簡単に政府の意向を出しています。そもそも武器輸出三原則の撤廃についても、二〇一四年に二一人の閣僚らによって、閣議で決定しています。いまの政府の歴史観や倫理観が如実にわかるのが、こうした閣議決定の中に書き込まれている、ひどい文言の数々だと思います。

古賀　閣議決定のうち、大部分は政府側の意向で出すものです。武器輸出の話もそうですし、集団的自衛権も、法律の前年に閣議決定がありました。ただ、閣議決定のままだと、政権が変われば変更される可能性があります。民主党の鳩山政権では郵政民営化見直しの閣議決定をしています。

また、閣議決定のうち、質問主意書に対する答弁書の場合は、政府は本当は出したくないけど、仕方なく出すというのが普通です。昭恵夫人が私人だというのも、嫌々ながら、言わされたというものです。野党もそれをわかったうえで、質問するわけです。そして、その答弁をもとにして、国会での質問につなげていくのです。質問の前提をピン留めするのが質問主意書なのです。

望月　安倍政権では、閣議決定はご都合主義のように思えます。あとで触れますが、加計学園問題では、政府が獣医学部新設を認める条件として二〇一五年に「石破四条件」を閣議決定しました。しかし、加計学園がこの条件を満たしたという客観的証拠は文科省や農水省、内閣府から何ひとつ示されていません。議論が尽くされたとわかる議事録さえも残っていないのです。

寄付金一〇〇万円授受の真偽

籠池氏は国会で「授受があった」と証言

古賀 森友学園をめぐる不透明な土地取引問題に、安倍晋三首相と昭恵夫人の関与があったのか？ この問題が注目されていたところに、それに関連する重要な籠池さんの証言が出ましたね。

望月 森友学園理事長の籠池泰典さんが、参議院予算委員会（二〇一七年三月二三日）の証人喚問で、「安倍晋三首相の妻昭恵氏から『首相から』として瑞穂の國記念小學院（安倍晋三記念小学校）建設の寄付金として現金一〇〇万円を受け取った」と明言。一切関与していないと主張する首相側と真っ向から対立しました。

かつては思想を共有していたはずの一国の首相と正面から対峙する。

古賀 望月さんは、寄付金授受について、かなり深く取材したのでしょう？

望月 はい。経緯はかなり詳しく聞きました。

二〇一五年九月五日、籠池さんの経営する塚本幼稚園で昭恵さんの講演会が開かれました。籠池泰典元理事長の長女の町浪さんや職員らの話では、その折、園長室で昭恵氏から現金一〇〇万円を受け取り、籠池理事長は、妻の諄子《じゅんこ》（本名・真実）さんに託した。諄子さんは部屋から出てきて「これを安倍首相から頂きました」と言って、長女の町浪《ちなみ》さん（現森友学園理事長）や数人の事務職員に封筒を見せた。「有り難いね、嬉しいね」「小学校建設頑張ろうね」と言いながら、土曜日で預け入れができない時間帯だったので、月曜日まで学園の金庫に納めておこうと、職員室にある金庫に納めたそうです。その後、二日後の月曜日、職員が淀川新北野郵便局に行って寄付金の口座に入金したという話でした。

古賀　この話は直接聞かれたのですか？

望月　菅野完さんのご自宅で、菅野さんが町浪さんが電話取材される場に、同席させていただきました。途中記憶が定かでないことについては、「ちょっと思い出せないので、一緒にいた職員にもう一度確認します」とその場で逐一確かめ、事実をできるだけ正確に伝えようとしてくださいました。その生々しいやりとりには大変リアリティが

2017年3月19日、乗光恭生《のりみつやすお》元自治会長に取材する東京新聞・望月記者

©Yoshiro Sasaki 2018

あり、町浪さんが、アッキーを貶めるために即興で嘘をついているとは到底思えませんでした。

古賀　籠池町浪さんは、このインタビューの約一カ月後に雑誌『FLASH』でも同じ内容の回答をしていますね。

「職員室に戻ってきた副園長（諄子氏）が『昭恵さんから、小学校のためにいただいたのよ』と、封筒を見せてくださいました。その瞬間、私の近くにいた職員から『うわー、ありがたいね』と歓声が沸き上がったんです。『私たちに思いを入れてくださったんだと。『ここまでしていただけるんであれば、本当に小学校設立に向けて頑張らないと』とほかの職員と話しました。寄付名簿に記録も残しました」

「当初『安倍晋三記念小学校』という名前で開校しようとして、昭恵夫人が名誉校長を務め、安倍総理も期待されているとうかがっていたことから、ご寄付はお二人から頂戴したと思っていました」

（『FLASH』二〇一七年四月一一日号）

望月　結局、一〇〇万円の授受の有無について結論は出ていませんが、疑惑に答える姿勢において、首相側の姿勢そのものには、どうしても納得がいきません。

籠池さんは、嘘をつけば偽証罪に問われる証人喚問でも「受け取った」と証言しているし、長女の町浪さんや当時現場にいた職員の方も認めています。しかしもう一方の当事者である昭恵さんは、取材も受けず、公の場で真実を明らかにすることもせず、ご自身のフェイスブックに反論文をアップしただけ。籠池氏は二〇一七年七月一〇日の大阪府議会の参考人招致でも、国会の証人喚問とほぼ同じ内容を話しています。

古賀　この参考人招致では、さらに詳しいエピソードも出てきたんですよね。

望月　そうです。「一〇〇万円の寄付はあったのか？」の質問には、籠池氏は「当然あった。しっかりと記憶に明確に残っている」といい、その場のやりとりをくわしく証言しています。

籠池「朝早い時間帯に到着し、講演会が近づいているので私の園長室でお座りいただきました。当時は私と副園長、昭恵夫人と秘書の方が同席しておりましたけれども、昭恵夫人が人払いをされました。二人きりになってかばんから封筒を出して『安倍晋三からです』と。『ひとりにさせてすみません』とも。そして名誉校長就任を要請したら一秒おいて快諾された」

（参考人招致にて）

そして、このあと籠池さんは大変、興味深い証言をしています。

「(昭恵さんは)悪いことをしているわけでは、ございませんでしょう? 寄付というのは。いいことをされているんですよね。ですから、(寄付行為を)否定されるものは、何もなくて、実際きちっと一〇〇万円はいただきました」

(参考人招致にて)

古賀 つまり籠池さんは悪いことしていないのだから、なぜ隠したり否定したりするのか? 隠す方がおかしいでしょう? と皮肉ったんですね。

望月 そうです。二〇一五年九月五日の昭恵夫人の講演会、あまり知られていませんが、実は二回行われていて、籠池さんは同じ参考人招致でこんな証言もしています。

「当日は、二回講演会がございましてね……午前と午後の。午前の部のときに(寄付の一〇〇万円)いただき、もちろんそこで(安倍昭恵)名誉校長就任も受けていただきましたので、そのあと講演会。それから昼食をはさみまして……玉座の間に移っていただいて、そこから講演会会場に移っていただいたということでありますす。したがいまして、しっかりとわたくしの記憶がここに、明確に残っておりますということとは、確実にあったということの証拠では、なかりましょうか」

(参考人招致にて)

古賀　さらに自民党の今西和貴《いまにしかずき》議員の質問を受けて、昭恵夫人と食べた昼食のメニューまで詳細に答えていますね。

籠池「午前の講演が終わりまして、昼になりまして、すぐ近くにありますところのレストラン・シャトーに行きました。そこでビーフステーキを一緒にいただきました。おいしく秘書の方二人と私ども二人と食されました。それから玉座の間（幼稚園の一室）でくつろいでいただきまして、午後の部の講演会に入りました」
「講演後、すぐにエレベーターで降りていただいて、正門から出ていただきまして、そのときにお土産としてのお菓子類と、そして講演会費の金一封一〇万円を託させていただきました。（昭恵夫人は）そのまま車で帰られた」
「約五分後に安倍昭恵夫人から電話があり、『名前は出さないようにお願いします』ということでしたので、当然のことだなと思い、名前は出していけないことだと認識致した、ということでございます」

（参考人招致にて）

昭恵夫人は「記憶がない」、のち「渡していない」と主張

古賀　籠池さんが国会で「一〇〇万円の授受があった」と証言したあと、昭恵夫人は早速フェイスブックで反論していますね。この文章、本人が書いたものなのか、という疑問の声も上がりました。

望月　確かにこのときばかりは、不自然なほどスピーディーな反応でした。昭恵夫人は三月二三日、喚問の四時間後に「一〇〇万円の寄付金をお渡ししたことも、講演料を頂いたこともありません」等々、籠池証言を全面的に否定する内容を自身のフェイスブックにアップしました。このコメントを分析した弁護士の郷原信郎《ごうはらのぶお》氏はブログで、文体や用語から「典型的な『官僚的、公用文書的表現』であり、そのような役人仕事、公的事務の経験がない昭恵夫人が書いた言葉としては違和感がある」と指摘しています。

古賀　役所にいた私も、もっともな指摘だと思います。さらに時系列で事実関係を照らし合わせると、昭恵夫人の主張の矛盾点が浮かび上がってきます。

望月　安倍首相が国会で「妻は塚本幼稚園で講演料を一切受け取っていない」と答弁したのが二月二七日。三月一六日、籠池さんは小學院建設予定地を訪れた参議院予算委員会の委員たちを前に、「首相からだ、と一〇〇万円の寄付を受けた」と爆弾発言をしました。昭恵

夫人は、いずれも翌日に籠池夫人にメールをしています。「講演の謝礼をいただいた記憶がない」「一〇〇万円渡した記憶がない」と。

古賀　それなのに三月二三日のフェイスブック上にアップしたコメントでは「私は、籠池さんに一〇〇万円の寄付金をお渡ししたことも、講演料をいただいたこともありません」と断定している。それに先立って安倍首相も、三月一七日の衆議院外務委員会で、「会ったこともない方に多額の寄付を私自身が行うということはありえない話で、妻や事務所など第三者を通じても行ってはいない」と断言しています。

ご夫婦そろって断固否定できることを、なぜ昭恵夫人はわざわざ籠池夫人にメールして「金銭の授受の記憶がないのだが、教えて欲しい」と問い合わせたのか不思議です。三月一七日にはなかった記憶が、なぜ三月二三日になって急に「渡していない」と断言できるほど詳細に蘇ったのか？

望月　本当ですよね。それに、こんなに森友学園が国会でも取り上げられ、問題になっているのに、まだその当事者の籠池夫人とメールのやりとりをしていた脇の甘さに驚きました。逆に言えば、それぐらい親しい間柄だったのでしょうけれども。

古賀　それともう一つ、授受があったとされる部屋の件。講演の控室として利用していたのは、「園長室」ではなく「玉座の間」であったと昭恵夫人はフェイスブックのなかで指摘していますが……。

望月　そう。一時は昭恵夫人の「玉座の間」が正しく、籠池氏の「園長室」は勘違いか間違いだとして籠池発言に疑義が持たれたようです。けれどもその後、籠池氏が大阪府議会の参考人招致で部屋を移った経緯を詳しく証言したので、発言の信憑性が高まりました。全体的に籠池氏の発言には具体性と説得力があります。昭恵夫人、籠池氏、両者の主張を比較検討すると、私は「園長室で一〇〇万円の寄付があった」と見るのが妥当だと思います。

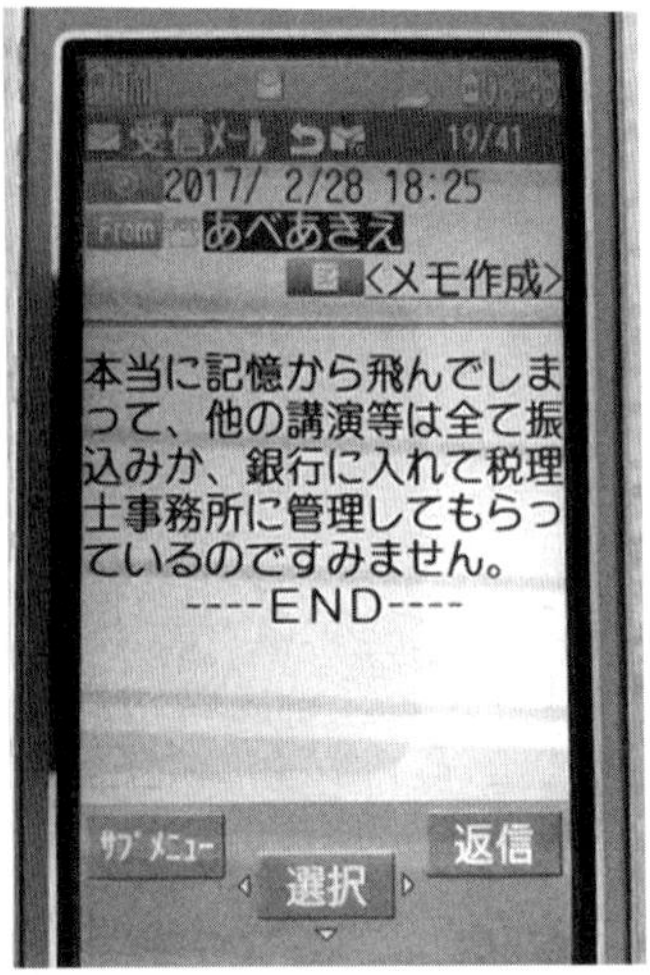

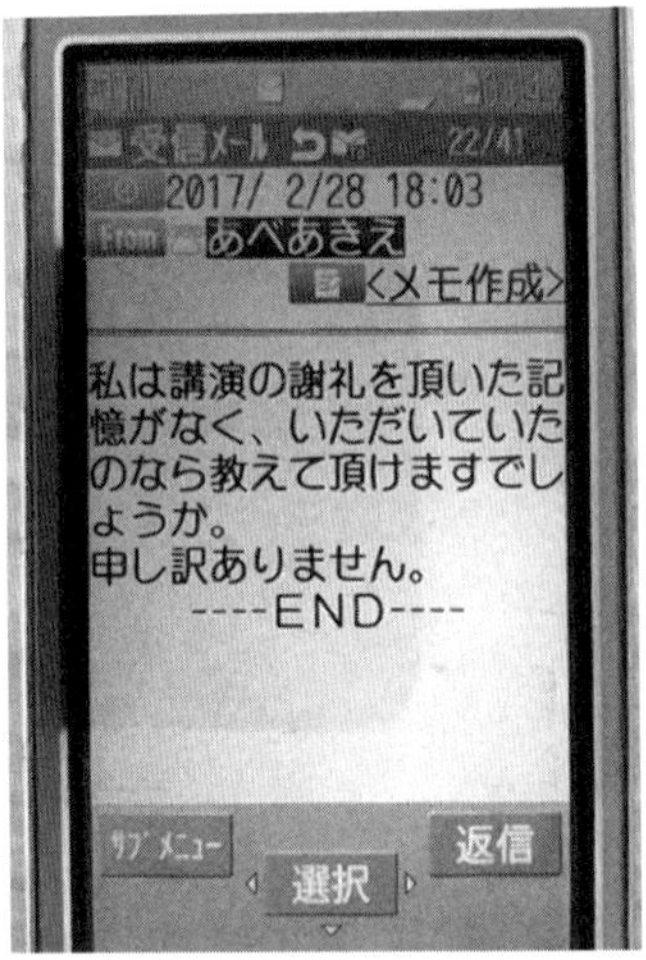

籠池夫妻が逮捕されると同時に、森遠学園問題に関連するすべての証拠が押収されてしまった現在、早期の段階で独自に証拠の保全を図った著述家・菅野完氏の功績は大きい。特に昭恵夫人と懇意にしていた籠池諄子夫人との生々しいメールのやりとりや、各マスコミがスクープとしてとり上げた音声データ等によって、森友学園問題の幕引きをさせないことに貢献している。菅野完氏提供

安倍首相の直接関与

【事務次官】　行政機関の官職の一種。各府省庁に一人ずつ任命され、一般職の公務員の頂点に立つ。トップである大臣を助け、省務や庁務を整理し、各部局や機関の事務を監督する。
【財務省理財局】　財務省に五つある部局の一つ。総務省ＨＰによると、「国の財政活動に欠くことのできない、国の財産（資産と負債）の管理に関する事務を行って」おり、「国有財産の有効活用方策を検討し、必要な調整を行うほか、国家公務員宿舎の管理、国の出資や政府保有株式の売却等に関する事務を」行うとある。財務省が運営する不動産屋という側面も持つ。

安倍首相・昭恵夫人の「疑惑の三日間」

古賀　森友問題は結局のところ、周囲の人間の忖度によるもので、安倍首相と昭恵夫人の直接関与はなかったと言われてもなかなか納得できないですよね。
望月　件《くだん》の一〇〇万円授受があった二〇一五年九月、安倍首相は、森友学園に関係する人物と集中的に会っています。特に、九月三日・四日・五日。安倍首相・昭恵夫人が、緊密に関わっていたと疑われる最大のポイント「安倍首相・昭恵夫人、疑惑の三日間」です。動きについては首相動静や産経新聞の安倍日誌からも確認できます。

まず九月三日。安倍首相は、官邸で財務省の岡本薫明《おかもとしげあき》官房長（当時）、迫田英典理財局長（当時）と会談しています。

古賀　「疑惑の初日」ですね。迫田氏は、安倍首相の地元、山口県豊北町（現下関市）出身で、県立山口高校から東京大学法学部を経て一九八二年大蔵省に入省しました。二〇一六年六月一七日付の定例人事で国税庁長官に就任しましたが、一時は次官レースを争っていたと言われています。

安倍首相と迫田さんの会合を調べてみると、おもてに出ているだけで、二〇一五年は、

七月三一日　首相、事務次官、迫田理財局長
八月七日　首相、麻生財務大臣、事務次官、迫田理財局長
九月三日　首相、官房長、迫田理財局長
一〇月一四日　首相、事務次官、迫田理財局長
一二月一五日　首相、麻生財務大臣、事務次官、迫田理財局長

（首相動静より）

という記録が残っています。

望月　そして疑惑二日目の二〇一五年九月四日。

奇しくもこの日、午前中には森友学園の建設関係者と財務省近畿財務局が会談しています。具体的にいうと、場所は大阪市にある近畿財務局九階会議室。森友学園の小学校設計を請け負ったキアラ建築研究機関の所長、建設予定地の地中障害物除去と土壌改良工事を依頼された中道組の担当者、近畿財務局の池田靖国有財産統括管理官、大阪航空局調整係の高見氏が会合。埋設物の処理内容や費用について協議しています。業者が掘削をはじめたところ予定になかった産廃土が見つかったとして、処分費用の上積みを要求。膨大な費用に難色を示した財務局は、産廃物を場外に持ち出さない「場内処分の方向で」と業者に協力を要請しました。場内処分は違法なんですけどね。

古賀　本来ならこの会合の記録は、財務省に残されていて明らかにされるべきです。二〇一七年二月二四日の衆議院予算委員会で佐川理財局長（当時）は「破棄して存在しない」とはねつける答弁をしました。しかし業者と近畿財務局の話し合いの前日九月三日に、首相と迫田氏が面談しているわけですから、「安倍首相が近畿財務局の上部機関に当たる財務省の迫田理財局長に森友学園について口利き（働きかけ）を行い、その翌日の九月四日に東京からの指示を受けた近畿財務局が森友学園側業者と話を詰めた」という推測をする人も多いでしょう。そのときの議事録が破棄されているから、なおさらです。そう考えると一

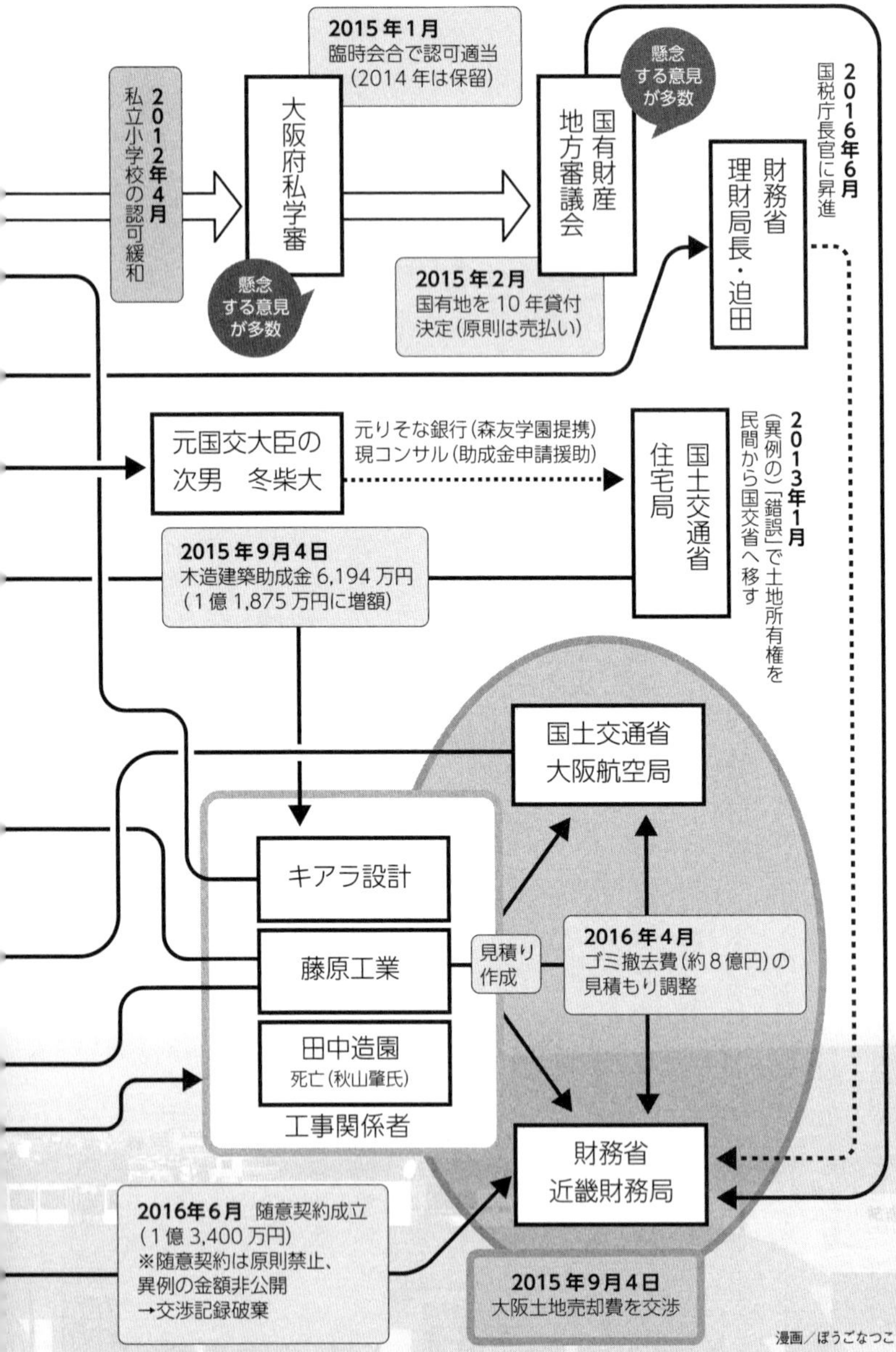
2015年1月
臨時会合で認可適当
（2014年は保留）
2012年4月
私立小学校の認可緩和
大阪府私学審
懸念する意見が多数
国有財産地方審議会
懸念する意見が多数
2016年6月
国税庁長官に昇進
財務省理財局長・迫田
2015年2月
国有地を10年貸付
決定（原則は売払い）
懸念する意見が多数
元国交大臣の
次男　冬柴大
元りそな銀行（森友学園提携）
現コンサル（助成金申請援助）
国土交通省住宅局
2013年1月
（異例の）「錯誤」で土地所有権を民間から国交省へ移す
2015年9月4日
木造建築助成金6,194万円
（1億1,875万円に増額）
国土交通省
大阪航空局
キアラ設計
藤原工業
見積り作成
2016年4月
ゴミ撤去費（約8億円）の
見積もり調整
田中造園
死亡（秋山肇氏）
工事関係者
財務省
近畿財務局
2016年6月　随意契約成立
（1億3,400万円）
※随意契約は原則禁止、
異例の金額非公開
→交渉記録破棄
2015年9月4日
大阪土地売却費を交渉

漫画／ぼうごなつこ

森友問題をめぐる人間関係

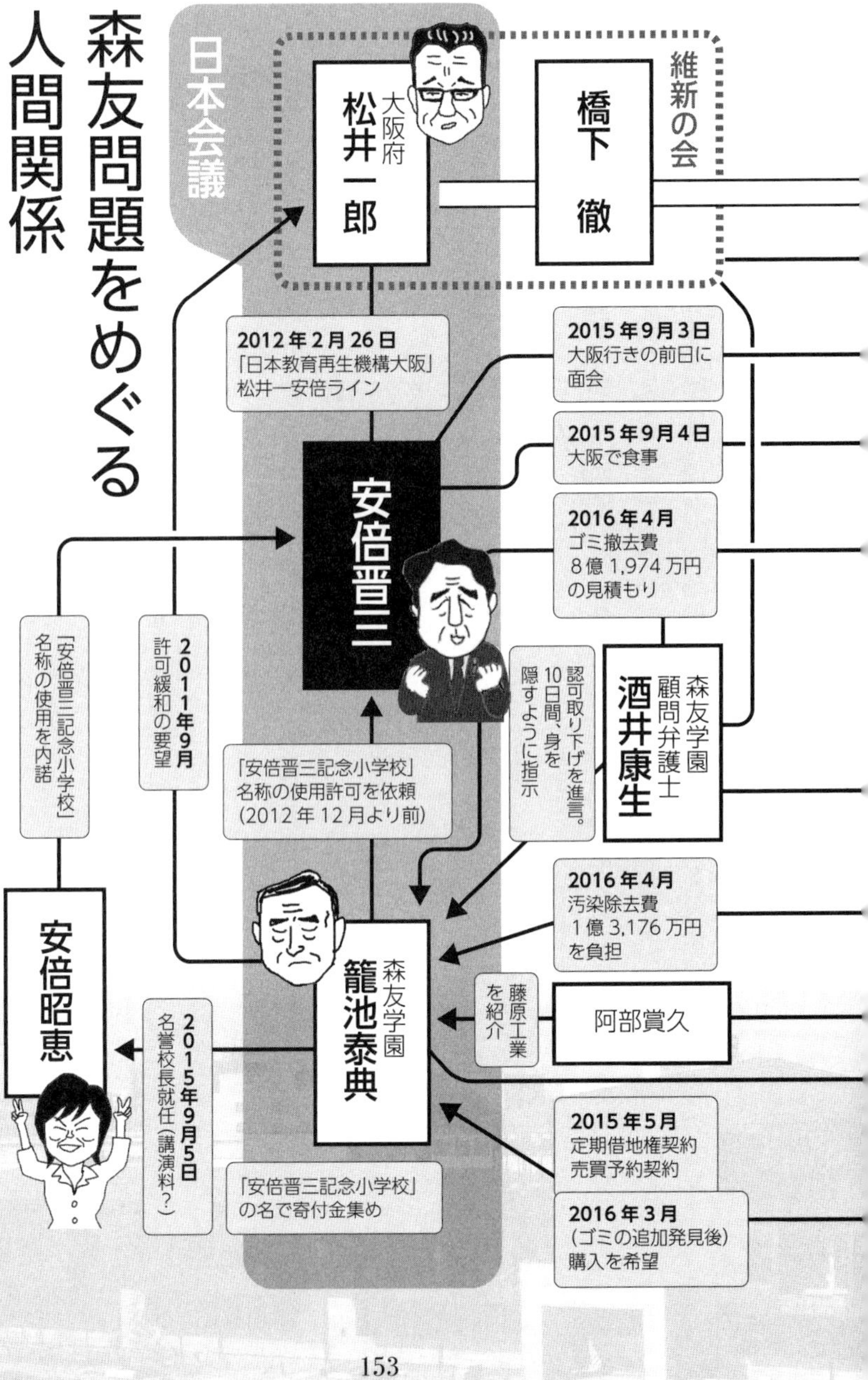

連の経過が自然に理解できますからね。

望月　事実なら、みごとな連携プレーですね。

安倍夫妻は九月四日、大阪へ向かいます。まず、昭恵夫人の動きを追ってみたいと思います。夫人は別行動で、大阪入りしてまず市内の住吉大社に正式参拝。その後奈良の重心道教室に向かいます。住吉大社の神武磐彦《こうたけいわひこ》権宮司は道徳団体モラロジー研究所の新成人感謝の集いで記念講話を行ったことがあります。モラロジーは、大阪府私学審議会会長の梶田叡一氏が共著で出版した『日本再生と道徳教育』なる書籍の出版元でもあります。しかも、神武権宮司の娘・神武亨代《みちよ》氏は、谷査恵子氏と同じく国家公務員。彼女もまた昭恵夫人付き職員としてこの日の住吉大社参拝に同行しています。私人と閣議決定された昭恵さんですが、実際は国家公務員の秘書二人を従え、大阪、奈良と駆け回っていました。しかもそれらはすべて森友学園に繋がっていたのです。

そして夫人は、奈良学園大学信貴山グラウンドで行われた重心道陸上クラブの親子重心道教室に参加。ここで、梶田叡一氏と同席。もちろん昭恵夫人付きの谷査恵子氏も同行しています。森友学園の小学校認可に極めて大きな力を持つ梶田氏と、当の小学校の名誉校長になる昭恵さんが同じ教室に参加していたのは単なる偶然でしょうか。

そして翌五日に塚本幼稚園で講演し、瑞穂の國記念小學院＝安倍晋三記念小学校の名誉校長就任を受諾。この日が一〇〇万円を寄付したとされる日です。

安保法制審議中に異例の大阪入りをした安倍首相

古賀 安倍首相がわざわざ大阪入りした九月四日といえば、国会の会期中。しかも、「安保法制」審議がヤマ場を迎えるさなかでしたね。また、この九月四日には、国土交通省の「平成二七年度サステナブル建築物等先導事業（木造先導型）」の採択プロジェクトのひとつとして、森友学園の瑞穂の國記念小學院（＝安倍晋三記念小学校）の校舎及び体育館の選定が発表されました。最大で六一九四万四〇〇〇円の補助金交付が決定されました。

望月 同日午後、安倍首相が向かったのは、近畿財務局から車で五分ほどの距離にある読売テレビ。ここで『情報ライブ ミヤネ屋』に生出演。さらに情報番組『そこまで言って委員会』の収録も行いました。

注目していただきたいのは、産経新聞。安倍首相の大阪訪問について

安倍晋三首相は四日、大阪市を日帰りで訪問した。国会開会中の平日に首相が大阪入りするのは異例だが、首相には新党結成を目指す大阪維新の会代表の橋下徹大阪市長との友好関係を強調する狙いがあった。自民党総裁選後の中長期の政権運営を見据えれば、政治思想が近い橋下氏の存在は欠かせないからだ。

（産経新聞　二〇一五年九月四日）

と報じています。「安倍首相、国会開会中の平日に異例の大阪市訪問　橋下氏との友好アピール」と題していますから、当然橋下さんと会っているだろうと思ったのですが、実際には松井さんも含め維新関係者とは誰とも会っていませんでした。官邸が本来の目的から国民の目をそらすために流した情報を、そのまま報道したとも考えられます。

古賀　安倍首相が大阪を訪れテレビ出演したことについて、野党はもちろん与党からも非難の声があがっていましたね。参議院平和安全法制特別委員会の鴻池祥肇《こうのいけよしただ》委員長（自民党）が「一国の首相としてどういったものか」と不快感を示しました。これも実は、陽動作戦だったのかもしれませんね。

安倍―麻生―鴻池ライン

望月　確かに、鴻池議員は、二〇〇八年に塚本幼稚園で開かれた「教育再生・地方議員百人と市民の会　第一〇回定期総会」で、基調講演を行っています。また森友学園から二〇一四年と二〇一五年に政治献金計二〇万円を受けています。

鴻池氏は麻生財務相と日本青年会議所（ＪＣ）時代からの師弟関係で、麻生派にも立ち上げから参加して副会長を務め、麻生内閣では官房副長官に就任しています。永田町では「麻生派の筆頭家老」と呼ばれるくらいの存在です。安倍首相と迫田理財局長は二〇一五年に五回も会合をしていましたが、そのうち八月七日と一二月一五日は麻生財務相も同席しています。一〇月一四日は、迫田氏が首相のもとを退席したあと、入れ違いで麻生財務相が会合に入っています。

なんとなく、安倍─麻生─鴻池というラインが見えてきますね。「一国の首相としてどういったものか」という鴻池発言も、額面通りの批判と受け取るべきか微妙ですね……。

古賀 それに関連していうと、鴻池議員事務所と、森友学園の籠池理事長（当時）との生々しいやりとりが記された「陳情整理報告書」が明るみに出ましたが、驚くべきことに一見、無茶苦茶に見える籠池氏の要求が、最終的にはすべて受け入れられています。

望月 政治家の関与といった生やさしいものではなく、財務省に対して安倍─麻生─鴻池ラインの圧力があったのではないでしょうか。「安倍夫妻のご意向」とか？ 鴻池議員はこのメモの流出を受けて、二〇一七年三月一日、記者会見を行っています。籠池夫妻から渡された現金と思われる紙包みを「コンニャク」と表現して、すぐに投げ返したと明かしていますが、なぜこんなことを自ら暴露したのでしょう。

古賀 陳情メモが出回って森友との関係を取り沙汰されたので放置できず、「私はクリーン」と主張するため、あえて毒にも薬にもならないエピソードだけを明かしたのかもしれません。

望月　安倍首相は大阪でのテレビ出演のあと、公明党の故冬柴鐵三《ふゆしばてつぞう》元国土交通相の次男、冬柴大氏《ひろし》が経営する大阪の海鮮料理店「かき鐵」で側近の萩生田光一《はぎうだこういち》らと食事をしています。冬柴大氏は、りそな銀行、ソニー生命に勤務したのち、経営コンサルティング会社冬柴パートナーズ株式会社を設立しています。ちなみに、森友学園はりそな銀行と業務提携を行っています。

PART 3

加計学園 疑惑の深層

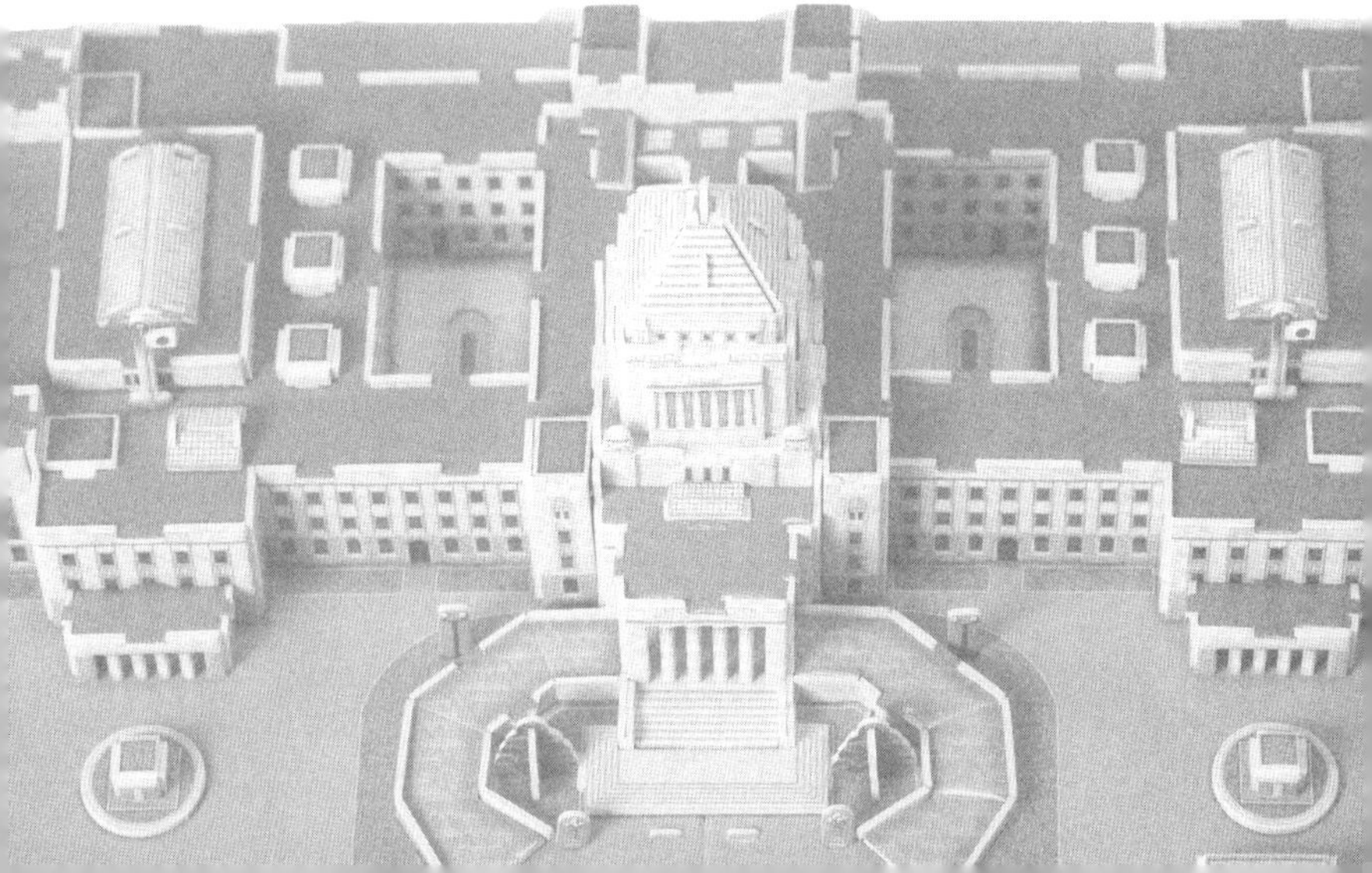

1分でわかる加計問題

漫画・ぼうごなつこ

そして抵抗勢力からの妨害もけちらし
獣医師の需要を明確に…
前川前事務事官
総理のご意向だっ!!
総理が言えないから私が代わって言う!!
和泉補佐官
平成30年4月開学!!
総理はおしりを切っている!!
萩生田官房副長官
重要文書を破棄し
ドドドドド
Jアラートで国民の目をそらし
ピューン ピューン
北朝鮮からミサイル
避難して下さい
襟裳岬から1180kmに落下
国難解散と選挙でナマイキ野党の質問も封じ
モリカケ隠し解散許さーん
国難解散だー
見事に開学にこぎつけたのであった!
(当初は)ワインセラーつき!
建設費は文科省基準の6倍192億円!!
アベちゃんありがとー
計学園
獣医学部16大学の中でもぶっちぎりの教育内容の低さ
狭く劣った校舎からバイオハザードが起こる可能性も

内閣官房長官という鉄壁

【内閣官房長官記者会見】　首相官邸HPによると、記者会見室は、「官邸と国民をつなぐ重要な『窓』の役割」を果たしている、という。官邸の一階にあり、総理や毎日行われる官房長官による定例記者会見に使われる。バックのカーテンの色は、首相のときは濃いブルーか赤色、官房長官のときは薄いブルーが多い。
官房長官の定例会見は、平日の午前と午後、毎回一〇〜一五分程度。最近は、それより短いことも多い。全国主要新聞やテレビなどの政治部記者を中心に、約三〇名程度。質問数は五、六問程度で、質問内容の調整があらかじめ行われることも多い。

菅長官を会見で追い込んだ記者

古賀　朝日新聞は、岡山理科大学獣医学部新設をめぐり、「新学部『総理の意向』　加計学園計画　文科省に記録文書」と報じました（二〇一七年五月一七日付朝刊一面　東京本社発行最終版）。新設認可について、内閣府が文科省に「総理のご意向だ」「官邸の最高レベルが言っていること」などと圧力をかけ、それを記録した複数の文書が省内に存在する、というスクープでした。

しかし、朝日のスクープがあったものの、菅義偉《すがよしひで》官房長官は当初、文科省文書の存在について「怪文書」と決めつけ、「再調査の必要なし」と突っぱねていました。もし事実がわかると、安倍政権による「国政の私物化」や「腹心の友（加計氏）への便宜供与」が国民に明らかになるからですね。最初に高飛車に出ることによって、マスコミに、「この案件は深追いするな」というメッセージを流したという面もあります。菅さんがよく使う手です。結局、官邸記者クラブ所属の政治部記者の大半は官僚同様「安倍一強」にすくみ、長官の言い分を記事として垂れ流すだけでした。つまり、権力を監視するはずの記者が見事に「忖度」していたわけです。

しかし鉄壁といわれた菅氏を、東京新聞社会部の望月衣塑子さんは、会見で追い詰めました。私が最初に注目したのは、二〇一七年六月六日午前の会見

毎日、開かれる菅官房長官の記者会見。写真左端で、質問しようと挙手しているのが望月記者。写真／時事通信

でした。これまで菅長官のワンマンショーだった会見に望月さんが登場したことで、全くの別世界になったのです。質問に対して菅氏が否定したら、そこで質問が終わるのが暗黙の了解だったのに、怪文書の存在や前川文科省前次官への個人攻撃の問題などを「しつこく」追及する望月さんの登場は、たぶん菅さんにとっては驚天動地の出来事だったのではないかと思います。続く八日午前の会見では、望月さんは三七分のうち、二〇分で二三回の質問をぶつけていましたよね。「東京新聞、望月です」の質問攻勢にタジタジとなって、冷静を装うのに必死の菅長官。あんな光景は、それまで見たことなかったです。

望月　東京地検特捜部を担当していたときは、私だけではなく、他社も会見で結構しつこく質問していました。いまも、事件を追及していた時と同じ感覚で菅長官に質問しています。テレビの記者さんから会見が閉鎖的だと聞いていましたが、実際、官邸会見の動画を見て驚きました。森友学園と加計学園問題が連日報道されているにもかかわらず、記者はこれに関して一、二問しか聞かず、菅長官の「問題ない」「文科省に任せている」といった答えで終わってしまっていたのです。「えっ、それ以上つっこんで聞かないんだ」と不思議に思っていました。また、菅長官の会見には「週刊誌など雑誌に出ていることは質問しない」といった独特のルールがあるんです。そういったものがあることも知りませんでした。

古賀　その官邸記者会見の模様がテレビ朝日の『報道ステーション』などでオンエアされたことで、菅官房長官の「問題ない」「そのような指摘は全く当たらない」と言い続ける、い

わゆる木で鼻をくったような「菅話法」も多くの人の目に触れることになりました。今回、スクープが立ち消えにならず、大手メディアが続報できたのは、三つの幸運が重なったからだと思います。一つ目は、前川喜平《まえかわきへい》前文科省事務次官の告発があったこと。二つ目はそれに続いて、現職の文科省職員がメディアに「『総理のご意向』文書は本物」と捨て身の証言をしたこと。三つ目は、望月記者が官邸記者会見に臨んだことです。望月さんが官邸記者クラブの「質問はひとり一、二問」という暗黙の了解をぶち壊したことは、他社の記者に勇気を与え、後に複数メディアがこの問題を追及する突破口を開いたと思います。毎日新聞が「菅氏『怪文書』で誤算『鉄壁ガースー』決壊」（二〇一七年六月一七日）と報じたのがとても印象に残りました。

望月　あれほどの反響をいただくとは全く思っていませんでした。「なんであの会見に出たの？」と多くの方に聞かれます。

古賀　政治部ではなく社会部の記者が、官邸記者会見であれだけ質問をたたみかけて目立てば、反響がないほうが不思議ですよ。

生々しい言葉の役所文書に唖然

望月　朝日新聞の「総理のご意向」という横見出しスクープを見て、加計問題での遅れを取り戻すべく、巻き直しをはかりました。「平成三〇年四月開学を大前提に、逆算して最短のスケジュールを作成」「文科省メインで動かないといけないシチュエーションにすでになっている」などなど、官邸のメンバーが文科省の役人にあんな生々しい言葉をなげかけていることに、大きな衝撃を受けました。朝日新聞のスクープ後の五月二二日に「前事務次官　出会い系バー通い　文科省在職中平日夜」という見出しの記事が読売新聞に出ました。その後、五月二五日、前川前事務次官が告発会見を開きました。

古賀　「前川さんは信頼に値しない人物だ」と印象づけるため、官邸と読売が組んだ印象操作報道ですね。安倍首相は憲法記念日である二〇一七年五月三日の読売新聞朝刊一面のインタビューや、同日に開かれた改憲派の集会に寄せたビデオメッセージで、二〇二〇年までに憲法を改正し施行を目指す意向を表明しました。五月八日の衆院予算委員会で野党がこの発言の真意を問うと「自民党総裁としての考え方は、相当詳しく読売新聞に書いてありますから、ぜひそれを熟読していただいてもいいのでは」と答弁したように、読売新聞は、安倍首相が認める官邸御用新聞になりさがりましたね。

望月　そもそも前川さんは安倍政権を批判しているわけではないんです。国家戦略特区を所管する内閣府によって「公正公平であるべき行政のあり方が歪められた」と言っているにすぎません。官邸は第三者の中立的な調査組織を立ち上げ、内閣府や諮問会議、文科省、農水省の言い分を精査し、問題の原点を見つけ一から出直せばよいだけのことなのです。何故、読売新聞にあのような報道があのタイミングで出たのか、真相は結局藪のなかですが、万が一にも、官邸の意を酌み、メディアがあのような報道に出たとしたら、それは許されない行為です。他人事ではなく、同じメディアで働く人間として、自分のこととしても重く受け止めないといけないなと強く感じた出来事でした。

古賀　いま、日本の報道は特殊な状況にあると思います。ホワイトハウスでの記者会見を見ると、大統領や報道官に対してもまったく容赦ない厳しい質問を浴びせています。しかし、日本の多くの官邸付き記者たちは、政府への質問を前日から官邸スタッフに投げるなど、「想定内」の質問に終始することが多い。加計疑惑のような政権中枢に関わる疑惑が浮上した場合は、しがらみなく追及できる社会部やフリー記者が結束することが大切だと思います。

国家戦略特区諮問会議

【国家戦略特区】 国家戦略特区は、安倍政権の目玉政策の一つ。安倍総理は、ことあるごとに、「成長戦略の突破口が、国家戦略特区。あらゆる岩盤規制を打ち抜いていく」と唱えてきた。この制度を受けて具体的な事項を決定するために設置されたのが、「国家戦略特別区域諮問会議」。二〇一七年一月に、この国家戦略特別区域諮問会議で、加計学園・岡山理科大学の獣医学部新設が、五二年ぶりに認められた。

加計は利益相反が疑われる典型例

望月 二〇一七年一一月、衆院選での自民党圧勝の直後、加計学園獣医学部の開学が正式に認可されましたね。しかし、テレビ局や新聞社の世論調査では、この認可を「評価しない」とする人は六〇％で、また約七〇％の人の「(政府の説明に) 納得できない」という回答があります。

加計学園問題をきっかけに、「国家戦略特区」や「国家戦略特区諮問会議」にスポットが当たるようになりました。それまでよく知らなかった私たち国民に、会議の実態や問題点を明らかにしたのは、加計学園問題の〝功績〟ですね。

古賀 安倍首相は、金融緩和、財政出動、成長戦略を「三本の矢」と呼んでいましたが、「国家戦略特区」は、地域を限定して規制緩和や制度改革をトップダウンで進める成長戦略の柱とするものです。対象地域を選ぶ段階から、国が積極的に取り組んでいく方式を採用しました。

本来は、国全体として規制改革を強力に推進すれば良いのですが、既得権と闘う勇気がない安倍政権が、抵抗を小さくするために、区域を狭く選定して改革を試行する、というやり方を作ったのです。そういう意味では、まやかしの制度ではありますね。

たとえばふつう獣医学部新設には、獣医は農水省、学校は文科省と両方の許認可が必要です。しかし、まともにやると、獣医師会などが怒るので、一地域、一校限定でやろうとしたわけです。もちろん表向きは、官邸主導の仕組みを使って、です。各省庁の許認可がなければ前に進まないような行政の停滞から一線を画し、「省庁利権」の及ばない領域をつくることで、広く、国民一般の利益にかなうような政策をスピーディーに実現するというのが、この特区制度の趣旨……だとされていました。

望月 設置の趣旨そのものは、悪くないと思いますが。

古賀 確かに普通に聞くといい制度に思えるのですが、議員名簿を見ると疑問が湧いてきます。

議　長	安倍　晋三	内閣総理大臣
議　員	麻生　太郎	財務大臣 兼 副総理
議　員	梶山《かじやま》　弘志《ひろし》	内閣府特命担当大臣（地方創生、規制改革）
議　員	菅　義偉	内閣官房長官
議　員	茂木《もぎ》　敏充《としみつ》	内閣府特命担当大臣（経済財政政策）兼 経済再生担当大臣
有識者議員	秋池《あきいけ》　玲子《れいこ》	ボストンコンサルティンググループ シニア・パートナー＆マネージング・ディレクター
有識者議員	坂根《さかね》　正弘《まさひろ》	株式会社小松製作所相談役
有識者議員	坂村《さかむら》　健《けん》	東洋大学情報連携学部ＩＮＩＡＤ学部長
有識者議員	竹中《たけなか》　平蔵《へいぞう》	東洋大学教授・慶應義塾大学名誉教授
有識者議員	八田《はった》　達夫《たつお》	アジア成長研究所所長・大阪大学名誉教授

実態は安倍首相自らが議長。議員は麻生財務相と総理に近い内閣府の三閣僚が半ばを占めています。そして民間から選ばれたわずか五人の有識者議員も基本的に安倍氏シンパが多く、イケイケどんどんの人たちです。ただし、そうは言っても実際には、安倍政権のしがらみで難しいことには挑戦せず、安倍政権がやってもいいよとなった時に、「第三者」のような装いでお墨付きを与えるのに協力するという感じでしょうか。「岩盤規制の打破」

の大義のもと、結局はトップダウンですべてを決めてしまうのと同じことになっていたのです。

望月　「国家戦略特別区域基本方針」をみると、「調査審議の公平性・中立性を確保することが極めて重要である」とし「審議事項について直接の利害関係を有す議員については、当該事項の審議及び議決に参加させないことができる」などと明記されています。

ところが獣医学部新設の許可が下りた加計学園・岡山理科大学は、安倍首相自らが「腹心の友」と認めている加計孝太郎氏が理事長です。獣医学部の新設には多額の税金を投入するのに、「公正公平」に決定されたのか？　議長の安倍首相の「腹心の友」に対して、役人の忖度はなかったのか？　本来の基準が歪められて、決定がなされたのではないか？

誰でも思いつく素朴な疑問に対して、安倍首相はもとより、関係した閣僚からも有識者議員からも、まともな説明は一切ありませんね。

古賀　安倍首相が置かれている「諮問会議の議長」と「加計理事長のお友だち」という二つの立場は、明らかに利害が対立しています。利益相反の典型例だと言ってよいでしょう。望月さんが指摘されたように、そもそも特区の特例措置を受ける事業者（加計学園）と利害関係がある人物（安倍首相）は、審議に参加できないはずなのです。さらに疑いを助長させる資料・情報が次々に出てきました。

本件の問題点としては、誰でもすぐに思いつくのが、京都産業大学の獣医学部新設に対しては、加計学園と違って、内閣府からの事前の助言や情報提供がなく、結果的に平成三〇年四月開講に限り認めるというタイムリミットについて気づくのが遅れた点です。急に言われても、教授陣を集めるのは難しく、学部新設の提案内容では優っていたものの、時間的要素だけで諦めざるを得なかったと京産大は言ってましたね。

それに加えて、情報提供で差別的な扱いをされたら、政府は加計学園ありきでやっているんだなと誰でも気づきます。これでは勝ち目がないと京産大は考えたのかもしれません。

もう一つの大きな問題は、京都産業大学だけでなく、大阪府立大学をはじめとした、これまで獣医学部新設はもちろん増設さえできないと思って諦めてきた他の大学に対して、事前に情報提供して意向を確認するなどの対応をせず、参入の機会を与えなかったことです。国家戦略特区で獣医学部新設を議論した大義名分は、不当な競争抑圧を止めて、やる気のあるところにチャンスを与えようということだったはずなのに、実際は加計学園だけに機会を与え、他の大学には参入させないようにしていたのですから、本来やるべき方向とは真逆のことをやっていたということになります。

そして、本件最大の問題は、決定過程において、本来は国家戦略特区を舞台に内閣府、文科省、農水省などが正々堂々と透明な議論を戦わせて結論が出されるべきなのに、その過程が不透明なうえに、本来あってはならない外部からの「不当な圧力」がかけられていたことが、少なくとも当事者である文科省関係者の証言や明らかになった複数の内部文書

郵　便　は　が　き

お手数ですが
62円分切手を
お貼りください

1 7 0 - 8 4 5 7

東京都豊島区南大塚
2-29-7
KKベストセラーズ
書籍編集部行

おところ　〒

Eメール　@　TEL　（　）

（フリガナ）
おなまえ

年齢　歳
性別　男・女

ご職業
会社員
公務員
教　職（小、中、高、大、その他）
無　職（主婦、家事、その他）
学生（小、中、高、大、その他）
自営
パート・アルバイト
その他（　）

愛読者カード

このハガキにご記入頂きました個人情報は、今後の新刊企画・読者サービスの参考、ならびに弊社からの各種ご案内に利用させて頂きます。

●本書の書名

●お買い求めの動機をお聞かせください。

1. 著者が好きだから　2. タイトルに惹かれて　3. 内容がおもしろそうだから
4. 装丁がよかったから　5. 友人、知人にすすめられて　6. 小社HP
7. 新聞広告（朝、読、毎、日経、産経、他）　8. WEBで（サイト名　　）
9. 書評やTVで見て（　　）　10. その他（　　）

●本書について率直なご意見、ご感想をお聞かせください。

●定期的にご覧になっているTV番組・雑誌もしくはWEBサイトをお聞かせください。
（　　）

●月何冊くらい本を読みますか。
（　　冊）

●本書をお求めになった書店名をお聞かせください。
（　　）

●最近読んでおもしろかった本は何ですか。
（　　）

●お好きな作家をお聞かせください。
（　　）

●今後お読みになりたい著者、テーマなどをお聞かせください。

ご記入ありがとうございました。著者イベント等、小社刊行書籍の情報を書籍編集部HP（www.kkbooks.jp）にのせております。ぜひご覧ください。

やメールからかなり強く推定されることです。

望月 その「不当な圧力」を示すものが、文部科学省と内閣府間の複数の記録文書の存在です。国家戦略特区制度による獣医学部新設計画の公表前にやりとりされたもので、「総理の意向」「官邸の最高レベルが言っていること」などの記載があったものです。

古賀 この文書こそ、望月さんが官邸記者会見で菅官房長官に何度も質問して食い下がったから、内部から出てきた文書ですよ。

望月 官房長官はこれを怪文書扱いしましたが、文科省前事務次官の前川喜平氏は、本物だと証言して、「初めから加計学園と決まっていた」と批判しました。

加計学園「認可決定」は既定路線だった

【石破四条件】　日本再興戦略改訂二〇一五において示された、獣医学部新設のための条件。石破茂氏が地方創生大臣時代（二〇一五年六月三〇日）に閣議決定で示したことから、「石破四条件」と呼ばれる。四つの条件とは、①既存の獣医師養成でない構想が具体化すること②ライフサイエンスなど、獣医師が新たに対応すべき分野の具体的な需要が明らかになること③既存の大学・学部では対応が困難なこと④獣医師の需要の動向を考慮すること、とされる。

土地代と建設費補助で一三二億円超の税金を投入

望月　加計学園問題が国会でとりあげられたのは、二〇一七年三月八日の衆議院文部科学委員会。民進党の福島伸享《ふくしまのぶゆき》議員（当時）の「学校設置をめぐっては（森友学園問題と）同じような問題が起きている」という指摘がきっかけでしたね。

古賀　森友学園問題では時価九億五六〇〇万円相当の国有地が、最終的には実質二〇〇万円で払い下げられました。加計学園問題では国有地ではなく愛媛県今治市の市有地ですが、獣医学部新設用地三六億七五〇〇万円相当が無償で譲渡されました。さらに校舎の建設費の半額九六億円を市と県が負担する議案も可決されています。

望月　土地代と建設費の補助で一三二億七五〇〇万円！　森友学園の一五倍以上の税金がつぎ込まれるわけですね。校舎建設費については、すでに二倍の水増し疑惑もでています。

古賀　税金がつぎ込まれるだけではないのです。無償譲渡した土地について今治市の企画財政部長は市議会で、「担保物件としてご活用もしていただき、積極的な設備投資を期待しているところでございます」と発言しています。

望月　今治市民の血税で取得、開発した土地が無償譲渡され、それを担保に借金ができる？　考えられません！　至れり尽くせりですね。

古賀　ただし借金の前にハードルがあります。文科省の大学設置・学校法人審議会の認可が下りないと土地は登記されないので、加計学園は担保設定ができなかったのです。もし認可が下りなかったら、加計学園は譲渡された土地を更地に戻して今治市に返却しなければならない。愛媛県と今治市による校舎建設費の補助金九六億円もなくなる。

認可前から進む校舎の建設

望月　それだけの経済的リスクがあるにもかかわらず、認可前から校舎の工事はかなり進んでいましたよね。やはり加計の認可は既定路線だったとしか考えられません。実際二〇一七年一月二〇日に加計学園が事業者に認可されました。しかし学園側は認可の約三カ月前の二〇一六年一〇月三一日、すでに今治の事業予定地でボーリング調査に着手しています。森友学園でも構造は全くおなじですね。森友学園が買収した国有地の取得に必要な要望書は二〇一六年一〇月三一日に提出されました。ところが敷地内で設計会社がボーリング調査をしたのはそれより前の一〇月二一日~三〇日なのです。ふつう契約前に、国有地内でボーリング調査するでしょうか。そもそも、できるのでしょうか。最初から出来レースだったのは明白です。森友学園問題をいま一度しっかり検証することは、加計学園問題の追及にも不可欠です。

古賀　瑞穂の國記念小學院（安倍晋三記念小学校）や加計学園獣医学部の新設は、「安倍首相と昭恵夫人の意向」が反映されました。それを国民に知られないように遂行するため、官僚や役人たちがあらゆる忖度をしました。

加計学園と成田市の比較表

■今治加計学園と成田市の特区では、建築費が1.7倍！！

	成田医学部	成田看護学部	今治加計獣医学部	
建築費(億円)	130	67	148.44	外構費等、込。
設備費(億円)	30		43.69	
延床面積(㎡)	48,550	29,145	32,528	
建築様式	プレキャストRC	プレキャストRC	鉄骨造	
建築単価(万円/坪)	88.52	76.00	150.87	←加計が1.7〜2倍
総予算/面積(万円/坪)	108.95		195.27	

鉄骨造で坪単価150万円は、相場の倍！

成田の看護学部は特区事業ではないが建築仕様として医学部と極めて近い（国際医療福祉大学成田キャンパス事務部に確認）。

成田との比較建築費。水増し建築見積もり疑惑で補助金詐欺が疑われている。

「巨悪対市民　今治発！ 加計学園補助金詐欺事件の真相」より

今治に「疑惑の獣医学部」が出来る経緯		
2015年	6月4日	愛媛県・今治市が獣医学教育特区で国家戦略特区提案
	6月30日	安倍政権が「日本再興戦略」改訂2015を閣議決定
	8月16日 9月21日	安倍総理と加計氏がゴルフ
	12月15日	国家戦略特区諮問会議で特区指定区域が決定
2016年	3月	愛媛県内の高校1年生を対象に、「大学獣医学部の誘致に関する意識調査」を実施する
	7月21日	安倍総理と加計氏が会食
	7月22日	安倍総理と加計氏がゴルフ
	8月10日	安倍総理と加計氏が会食
	8月11日	安倍総理と加計氏がゴルフ
	9月21日	第1回今治市分科会開催、今治商工会議所特別顧問（前愛媛県知事）の加戸守行氏が、獣医学部新設推進派として資料を提出
	10月2日	安倍総理＆昭恵夫人同席で加計氏と会食
	10月31日	事業者によるボーリング調査の申し出を受理
	11月9日	国家戦略特区諮問会議で、獣医学部新設のための関係制度改正を直ちに行うことを安倍総理が決定する
	11月8日	パブリックコメント開始→12月17日に終了、976件の意見が寄せられる。獣医学部設置に反対が75%。
	12月24日	安倍総理＆昭恵夫人同席で加計氏と会食
	12月27日	用地購入費補正予算案が今治市議会で可決される
2017年	1月4日	実施主体の公募開始→加計学園のみ応募
	1月12日	第2回今治市分科会開催、内閣府・文科省などが実施主体を加計学園に決定する
	1月20日	区域計画の作成。同日、国家戦略特区諮問会議で安倍総理が認定する
	1月31日	建築確認申請書提出
	3月3日	今治市議会で「財産の無償譲渡議案」と補助金額を最大96億円とする補正予算が可決される
	3月下旬	予定していた校舎起工式は中止し、地鎮祭のみ実施する。市の関係者は出席を見送る。文科省へ獣医学部設置認可申請
	8月	文科省が獣医学部設置認可（予定）
2018年	4月	開学（予定）

※『週刊現代』「安倍首相の『本当のお友達』、こうして血税176億円が流れた」2017年4月15日号をもとに作成

そして加計学園の理事長・加計孝太郎氏は、認可決定後も全く表舞台に姿を見せず、あらゆる追及に対してみごとに沈黙を貫いています。補助金算定の前提となる建設コストの見積もりが高額過ぎるとの指摘もあり、そうなれば補助金不正受給ということになります。しかし、沈黙を貫いたことへのご褒美でしょうか、何事もなかったかのように獣医学部新設は認可されてしまいました。

一方、森友学園問題では、加計氏と正反対で、籠池夫妻は、安倍首相と昭恵夫人の一〇〇万円寄付や政府側の便宜供与の事実を国会や大阪府議会で証言し、マスコミの追及に対しても積極的に応じていました。何も隠すことはないという態度です。しかし、正直に話すことを防止するためでしょうか、補助金詐取容疑で逮捕され、二〇一七年七月三一日から、いまも独房に拘留され続けています（二〇一八年一月一〇日現在）。

「逃げ得」の悪しき前例

望月　加計氏と籠池夫妻、両者の扱いの違いは、もっと問題視されるべきですね。このままでは加計氏の「逃げ得」になってしまいます。悪しき前例を作ってしまいます。逃亡や罪証隠滅のおそれが認められない籠池夫妻はそもそも逮捕する必要がない。罪証隠滅、逃亡の恐れがないことは明らかなのに弁護士との接見もできず、手紙も禁止。拘留の翌日からずっと、長女の籠池町浪さんも会わせてもらえない。拘留から三カ月後の一〇月三一日に長男の佳茂さんがフェイスブック上で「父や母を解放してください。明らかに政治の弾圧。権力の弾圧だと思います」と訴えた声は切実さに満ちています。


今日で両親が勾留されて丸三カ月が経ちました。

七月三一日に勾留されて以来、接見禁止が解けません。家族とも会えないのです。

冷静に見て異常な事態ではありませんか?

この国の司法は一体正常に法治国家として機能しているのでしょうか?

法務検察の機能を知り抜いた人間が、ある意図を持って両親を軟禁したのではないかと思うのです。皆さん、よくよく考えて欲しいのです。

（佳茂さんのフェイスブックより）

古賀　安倍首相は、テレビ朝日の報道ステーションで行われた党首討論で、「籠池さん自体が詐欺です」「こういう詐欺を働く人物のつくった学校で妻が名誉校長を引き受けたことは問題があった」「こういう人ですから騙されてしまったんだろう」と発言しました。まだ籠池夫妻の裁判が始まってもいないのに、裁判所ではなく、安倍総理が公共の電波を使って、直々に籠池夫妻を詐欺師と断罪するのは、三権分立に反する行為です。そして、籠池氏はまだ被疑者に過ぎないわけで、「無罪の推定」が働く段階ですから、これを詐欺の犯罪者扱いするのは、明らかな人権侵害です。大阪地検が異常な長期拘留をつづけているのも、「総理のご意向」に従った「忖度」が働いているからでしょう。

これだけ平然と「人権侵害」が行われていることをマスコミも安倍総理が怖くて批判できない。日本は恐ろしい国になったなと思います。

望月　加計学園獣医学部は二〇一八年四月の開学が決まりました。安倍首相の説明責任は何ら果たされないままです。昨年秋の衆議院選挙で自民党が議席を大きく減らしていれば、あるいは与党が過半数割れでもしていれば、現実問題として、不認可もあったかもしれません。不認可ということになれば、森友学園と同じく、加計学園も倒産もしくは民事再生を免れなかったでしょう。でも絶対にそれはありえません。理事長の加計孝太郎は、安倍首相の「腹心の友」ですから。加計学園は「総理のご意向」で開設が認可される確信があったから、先行して工事を進めることができたのですね。

古賀　国家戦略特区諮問会議などの議事要旨や配布資料などを見ると、決定過程に疑惑が募るばかりです。加計学園問題の疑惑の本質は、獣医学部新設で競合した「今治市・加計学園」と「京都府・京都産業大学」の比較検討が本当に行われていたかどうかです。その際に、いわゆる「石破四条件」を満たしていたのかということですね。

望月　京都府と京都産業大学は表紙や目次も含めてA4二三ページの資料を用意して、獣医学部設置の提案を行っていましたが、応募の要件に、獣医学部が「広域的に」「存在しない」「地域に限り」という要件を付け加えられたこともあって、申請を断念しています。ちなみに加計学園の提案資料は二ページで、「加戸特別顧問提出資料」をコピーしたものでした。

古賀　この加計学園と京都産業大学を比べた際の議事録がないのです。山本幸三《やまもとこうぞう》地方創生相（当時）は加計学園の提案がより「熟度」が高かったと説明していますが、記録がないため検証不可能なのです。それに、加計学園には内閣府がいろいろと親切にアドバイスをしているのに、前に述べた通り、京都産業大学はほとんど何も知らされず、準備の時間もろくに与えられていません。

安倍首相にとって「不都合な真実」

古賀　首相自ら口にした「丁寧な説明」は、最初から守る気のないカラ約束だったのではと、国民は疑っています。選挙に勝ったとはいえ、自民党内にも不協和音はあり、決して一枚岩といえない状態です。首相がこの問題をめぐる矛盾を放置すれば、いずれどこかでかたちをかえて足元をすくわれるでしょう。

望月　矛盾といえば、安倍首相は二〇一七年六月五日の参院決算委員会で、加計学園の獣医学部設置の意向を知ったのは、愛媛県と今治市が国家戦略特区に提案した「二〇一五年六月四日だ」と答弁していました。加計孝太郎理事長から「時代のニーズに合わせて新しい学部や学科の新設に挑戦していきたいという趣旨の話は聞いたことがある」とも述べていました（衆院予算委員会）。ところが七月二四日の衆院予算委員会で突然、加計の意向を知ったのは学園が事業者に決まった「二〇一七年一月二〇日だった」と、答弁を変えたのです。

実は、当初答弁のように、知ったのが二〇一五年六月四日だとすると、安倍首相にとって「不都合な真実」が明らかになるのです。このとき、今治市が提案した資料には「加計学園」の文字はありません。あくまでも提案者は愛媛県と今治市で、事業者は後に公募で決まる仕組みだったからです。この時点ですでに安倍首相が「加計学園案件だ」と知っていたならば、「なぜ知っていたのか？　誰から聞いたのか？」ということが問題になります。

文科省に働きかけたと名前の挙がっている萩生田光一官房副長官（現自民党幹事長代行）は衆議院選落選中、加計学園が経営する千葉科学大の客員教授をつとめ、月一〇万円の給与を受けていたと報じられています。加計学園の件で前川さんに働きかけた木曽功《きそいさお》内閣官房参与（当時）は、その後、加計学園の理事に就任しています。

古賀　前にも紹介した二〇一七年六月六日の官房長官会見では、京都産業大や増員を希望していた大阪府立大などを外して進めたのは、加計学園ありきだったのではという趣旨の望月さんの質問に対して、菅官房長官は、加計学園の名前は民主党の時代から構造改革特区の中で、はっきりと書かれていたと強調していました。つまり、加計学園ありきだったのは民主党時代からで、それを前提に話が進んでいたのは自民党の責任ではないと言い訳しようとしたのでしょうが、そうであれば、安倍総理が今年に入るまで加計学園のことを知らなかったというのは、ますます不自然だということになるでしょうね。

第２次安倍内閣の発足以降、安倍首相が加計理事長と１６回も頻繁に食事・ゴルフをともにしている。第１次内閣で首相在任中には、加計氏と１度も会った記録がないことが、全国紙５紙の首相動静欄でわかった。
『しんぶん赤旗』「首相と加計氏の食事・ゴルフ」2017 年7月30日より

特区の手続き進展で急増する 安倍首相と加計氏のゴルフ・食事	
■ 2013年	回数２回
5月上旬	萩生田光一自民党総裁特別補佐（当時）と河口湖畔でバーベキュー
11月18日	都内の日本料理店で食事
■ 2014年	回数３回
6月17日	都内のフランス料理店で食事
12月18日	都内の中国料理店で食事
12月21日	都内の飲食店で食事
■ 2015年	回数４回
6月4日	今治市・愛媛県が国家戦略特区での獣医学部新設を提案
8月15日	山梨県内の別荘で食事
8月16日	山梨県内でゴルフ
9月21日	山梨県内でゴルフ
12月24日	「男達の悪巧み」写真を昭恵夫人がフェイスブックに掲載
■ 2016年	回数７回
3月18日	都内の日本料理店で食事
7月21日	山梨県内の焼き肉店で食事
7月22日	山梨県内でゴルフ
8月10日	山梨県内の居酒屋で食事
8月11日	山梨県内でゴルフ
10月2日	都内の焼き肉店で食事
12月24日	都内で食事

腹心の友・加計孝太郎

【腹心の友】　「腹心」名詞　①心の奥底　②心から信頼できること。また、そのような人。（明鏡国語辞典第二版）

「議事録があったら、安倍政権がふっとんじゃうよ」

古賀　加計の問題は、森友問題同様で、政治家との関係が深いと感じます。

望月　加計学園理事長の加計孝太郎（本名・晃太郎）氏が獣医学部の新設に反対していた日本獣医師会を訪れ、岡山理科大学が獣医学部の新設を申請するにあたり、「首相の後ろ盾」をほのめかしたという記事がありました。加計氏が東京・南青山にある公益社団法人「日本獣医師会」を訪ねたとき、直接対応したのが、獣医師会会長の蔵内勇夫《くらうちいさお》氏と会の事務局を預かる顧問の北村直人《きたむらなおと》氏でした。

「首相の後ろ盾」をほのめかした加計発言

「あなたは安倍さんから『獣医師会に行け』と指示されてやって来たんでしょ。と

2017年7月24日に行われた衆院予算委員会の閉会中審査において「面会の食事代について聞きたい」と問われた安倍首相は「私がごちそうすることもあるし、先方が支払うこともある。友人関係ですので割り勘もある。何か頼まれてごちそうされたことはない。気の置けない友人関係なので」と回答

安倍昭恵
2013年4月7日・

大親友の加計さんと。
リラックスした笑顔・・・

昭恵夫人のフェイスブックより

きの最高権力者がバックについている、すごいよね」

蔵内たちが皮肉を言いながら突き放した。

「誰が来たところで、申請は通りませんよ」

獣医師会の重鎮たちが口にした「最高権力者」が、安倍晋三を指すのは繰り返すまでもない。ところが獣医師会の重鎮に冷たくあしらわれてなお、当の加計本人は慌てる様子もなく自信満々だった。

加計は午前中に獣医師会との面談を終え、午後になって霞が関に向かう。すでにこのとき、流れは決まっていた。

——中略——

実はこのとき「首相が後ろ盾になっているので獣医学部の新設は大丈夫だ」と加計が胸を叩いたという話がある。実際、その議事録が存在するという説もある。北村は次のような意味深長な話をした。

「議事録があったら、安倍政権がふっとんじゃうよ。だから私は『ない』と答えるしかない。相手は自民党の党友でもある安倍さんですからね。私は旧田中派の議員でしたから、口利きだって駄目だとは言いません。『安倍さんでしょ？ あなたの後ろにいるのは』と尋ねたとき、加計さんはなんとなく頷いたかな」

（『文藝春秋』二〇一七年五月号「安倍首相『腹心の友』の商魂」森《もり》 功《いさお》）

古賀　日本獣医師政治連盟委員長、日本獣医師会顧問の北村直人氏は元衆議院議員で石破茂氏と一九八六年第三八回衆議院議員総選挙で当選した自民党の同期なのです。「石破四条件」が既得権益を守るための岩盤になったのは、北村氏が当時の石破茂地方創生・国家戦略特別区域担当大臣に働きかけて、作成してもらったからといわれています。

望月　四条件は獣医師の質の低下などを理由に獣医学部新設に猛反対してきた獣医師会にとっては「満額回答」だといえます。北村氏が加計氏に会ったのは、これが二回目。一回目は、第一次安倍晋三政権当時の二〇〇七年二月。東京・赤坂の料亭「佐藤」で、北村直人氏は、加計孝太郎氏と向き合っています。

「愛媛で獣医の大学を作りたいんですよ。ぜひ協力してくれませんか?」

加計がこう切り出すと、北村は強い口調で

「なぜそんなことを言い出すんですか?」

と聞き返した。加計が

「息子の鹿児島大獣医学科の入学式に行き、設備をみたら二〇億〜三〇億円でできそうなんですよ」

と説明すると、北村は怒気をはらんだ声でこう説いた。

「そんな動機で獣医学科を作りたいなんて、とんでもない話だ。獣医学部創設には五〇〇億円はかかりますよ。教育を金もうけに使われたらたまらない。やめた方がいい!」

さらに北村が

「親しい政治家はいるんですか」と問うと、加計はこう答えた。

「強いていえば安倍首相ですが…」

北村の脳裏に、安倍への疑念が刻まれた瞬間だった。

(「産経新聞」二〇一七年七月一九日)

望月　二〇一〇年一一月、加計孝太郎氏のもとで、加計学園五〇周年記念行事が盛大に執り行われたのですが、第二次政権に返り咲く前の腹心の友・安倍首相は、式に列席し、以下のような祝辞を寄せています。

理事長の孝太郎先生とは、三十数年前にお会いして以来ずっと家族ぐるみで親しくしていただいております。毎年新しいことに挑戦され、その名声を高めておられることに改めて敬意を評したいと思います。

（「加計学園創立五〇周年記念誌」加計学園二〇一一年）

父・勉氏の時代から重視してきた政界要人との交流

古賀　加計学園はグループ全体で約二万人の学生・生徒・児童を抱え、一〇〇〇人を超える教職員が働いているいわば大企業です。一般の大企業が何らかの形で政治家との関わりを持つように、加計孝太郎が「将来の総理大臣候補として」安倍晋三に公私にわたり、親しく接してきたとしても、それほど驚くことではないのです。

望月　孝太郎氏の父・勉《つとむ》氏は、加計学園グループの創始者にして自ら「教育実業家」を名乗った人物。政界の要人とのつき合いを通じて、学園を大きくしてきました。加計理事長が勇気づけられたという亡きお父様の言葉通りに、加計学園疑惑について「自分に厳しく」記者会見や証人喚問に応じて答弁し、また腹心の友と慕われている「人（安倍首相）にも厳しく」当たってほしいものです。

（「加計学園グループの挑戦」鶴蒔《つるまき》靖夫《やすお》　ＩＮ通信社）

安倍夫妻と下村元文科相夫妻

【パーティー券】 政党などの団体は、パーティーを開き、パーティー券を参加料金として徴収。その利益を政治資金の一つとしている。一般的に、パーティー券一枚は二万円程度。政治資金規正法では、政治団体は二〇万円超のパーティー券の購入があった際は、購入した個人、企業名を報告書に記載することが義務付けられている。

千葉商科大学式典の豪華な顔ぶれ

古賀 安倍首相は二〇一四年五月二四日、加計学園が運営する千葉商科大学（千葉県銚子市）開学一〇周年の記念式典の祝辞のなかで、「どんなときも心の奥でつながっている友人、私と加計さんもまさに腹心の友だ」と述べました。単なる友ではなく、一九九三年の初当選から確認のできている一九九九年まで加計グループの学校法人「広島加計学園」（福山市）の監事を務めていました。報酬一四万円を受け取っていたことも国会で認めています。加計理事長の政治家人脈はかなり幅広いようですね。

望月　まず、現役の首相が私立大学の式典に足を運ぶことに違和感を覚えますね。このときの来賓は、安倍首相以外に岸田文雄外相、遠藤利明《えんどうとしあき》元五輪相、林幹雄《はやしもとお》元経産大臣、さらには安倍家のゴッドマザー洋子《ようこ》さんや三井住友銀行副頭取（当時）の高《たか》橋《はし》精一郎《せいいちろう》氏も姿を見せる豪華な顔ぶれでした。そして、下村博文《しもむらはくぶん》文科相（当時）が祝辞を寄せています。

　高橋氏も安倍首相の「お友だち」。同じ

「男たちの悪巧み」なるタイトルの写真（下）は、昭恵夫人が 2015 年のクリスマスイブの日、フェイスブックに投稿。この写真には安倍首相、加計理事長以外に鉄鋼ビルディング専務の増岡聡一郎氏（右端）、三井住友銀行元副頭取の高橋精一郎氏（安倍首相と加計氏の間）で 2017 年 7 月の人事で金融庁の参与に抜擢された。さらに高橋氏は加計理事長と同じ、安倍首相がアメリカに留学していたときの仲間で、安倍首相とは、プライベート仲間。首相動静を見ても、高橋氏は 14 年から現在までの間に計 8 回も登場。また 2016 年のクリスマスイブも増岡氏が専務を務める丸の内の鉄鋼ビルディング内のエグゼクティブラウンジに加計氏、高橋氏らで集い、夕方から酒を酌み交わしている。増岡氏は昭恵夫人のテニス＆スキー仲間

二〇一四年のクリスマスイブ、昭恵夫人のフェイスブックには、安倍首相や加計孝太郎氏と親しげにグラスをかわす写真が「男たちの悪巧み」とのコメントとともに掲載されています。二〇一七年七月には金融庁参与に起用され、「首相のお友だち人事」と取り沙汰されました。

そして加計理事長が獣医学部設置にあたり、最初に接触を試みたとされるのが下村博文文科相（当時）です。下村氏は、加計学園に二〇〇一年、二〇〇二年と二年度、各々一〇〇万円計二〇〇万円のパーティー券を購入してもらっていたことが発覚。ところが氏の政治団体「博友会」の政治資金収支報告書に記載がないことが報じられました（『週刊文春』二〇一七年七月六日号）。学部の設置認可を下ろす立場の文科相が、

安倍「フレンズな」加計学園の面々	
安倍晋三	総理大臣、加計学園元監事
安倍昭恵	総理大臣夫人、加計学園御影インターナショナルこども園名誉園長
下村博文	加計学園から 200 万円の政治献金を受けながら、政治資金収支報告書には記載をしていなかった
下村今日子	下村元文科相夫人、広島加計学園教育審議会委員
木澤克之	最高裁判事 (安倍任命)、加計学園元監事、加計孝太郎理事長と同じ立教大
萩生田光一	官房副長官、加計学園千葉科学大客員教授
木曽功	内閣参与、加計学園千葉科学大学長
井上義行	元総理秘書官、加計学園千葉科学大客員教授
江島潔	自民党内閣第一部会長、元下関市長、加計学園倉敷芸術科学大元客員教授
逢沢一郎	衆院政倫審会長、加計学園国際交流局顧問、アイサワ工業が獣医学部の工事受注

認可を申請する学校法人（加計学園）から二〇〇万円の政治献金を受け取っていたのです。

古賀　政治資金規正法では、パーティー券でも二〇万円以上は報告義務がかかります。にもかかわらず記載なしとなれば、ヤミ献金ということになります。下村氏は「都議選終了後、加計学園からの金銭授受について説明いたします」と言っておきながら、未だに説明していません。

「加計さんは俺のビッグスポンサーなんだよ」

望月　昭恵夫人は二〇一五年六月から、加計学園系列の認可外保育施設「御影インターナショナルこども園」（神戸市）の名誉園長を務めており、二〇一五年九月には政府職員二人を連れて施設のイベントに参加しています。

また昭恵夫人の著書『「私」を生きる』のなかで「曽野綾子《そのあやこ》さんとの海外活動が目を広げるきっかけになった」と、ミャンマーのことを書いていましたが、昭恵夫人が力を注ぐミャンマー支援も加計氏が同行し、現地でのさまざまな活動費もサポートしているとすれば話がわかりやすいですよね。

確かに小学校同士の国際交流は良いことだと思いますが、加計学園が提携している米国グレートフォールズ小学校の生徒が来日したときの厚遇ぶりにはあきれます。生徒たちは首相官邸で安倍首相と記念写真撮影、公邸では昭恵夫人が用意した輪投げゲームなどを楽しみ、もちろんお食事会も開催されています。腹心の友なら税金でこんなことまでしてもらえるのです。

加計理事長の太っ腹ぶりは、他の団体からの献金と比較しても明らかです。下村氏のパーティー券の売り上げを見てください。

二〇一四年　パーティー券入金状況
加計学園　一〇〇万円
日本医師連盟　二五口　五〇万円
国際（医療）福祉大学有志　二〇口　四〇万円
加計学園　五〇口　一〇〇万円

（『文藝春秋』「加計学園疑惑　下村ルートの全貌」二〇一七年八月号　森　功）

しかし、多額の献金や、昭恵夫人、下村今日子夫人へのサポートは、莫大な見返りがあるからこそです。

古賀　自民党の都議選惨敗や「総理のご意向」を巡る萩生田光一氏の暗躍にスポットがあたり、話題がさらわれてしまいましたが、やはりこの件は国会での丁寧な説明なくして疑惑は晴れません。『週刊文春』に、加計氏が「(安倍に)年間一億円ぐらい出しているんだよ。あっちに遊びに行こう、メシを食おうってさ」と発言したのに対し、安倍総理は「加計さんは俺のビッグスポンサーなんだよ。学校経営者では一番の資産家だ」とコメントしたとの記事が掲載されました(二〇一七年四月二七日号)。安倍氏一人だけで一億円というわけではないかもしれませんが、政治家と食事すれば、一人三万~五万円くらいかかることはざらにあります。食事以外の様々な形での支援も含めれば、安倍氏やその仲間の議員たちを全部合わせて、一億円というのもそんなに不思議な数字ではありません。いずれにしても加計氏から見れば、アベ友グループに相当の貢ぎ物をしていると思っているんでしょうね。だから、報じられるような発言になったのではないでしょうか。

加計人脈②

内閣官房副長官・萩生田光一

【総裁特別補佐】 自民党には、特別補佐職として、「総裁特別補佐」「幹事長特別補佐」などがある。大所高所から自民党総裁にアドバイスしたり、助けたりするのが「総裁特別補佐」の役目とされる。内閣総理大臣にも特別補佐職が設けられており、和泉洋人氏はそのひとり。内閣総理大臣直属のスタッフと位置づけられる。

影武者のごとく暗躍する萩生田氏

古賀 二〇一六年八月三日に発足した第三次安倍第二次改造内閣で内閣官房副長官は杉田和博《すぎたかずひろ》、野上浩太郎《のがみこうたろう》、萩生田光一の三人が就任していたのですが、特に安倍首相側近中の側近である萩生田氏は、数々の問題で暗躍しています。

望月 萩生田氏は八王子市議を三期務めて、都議に転身。その後、二〇〇三年第四三回衆議院議員総選挙に初当選しました。八王子市議時代に、萩生田氏が拉致問題で活動していたときに党本部で対応したのが安倍首相だった。都議から国政に引っ張ったのも安倍首相です。

望月　萩生田氏は二〇一四年一〇月六日BS日テレ「慰安婦」問題で日本軍の関与と強制性を認め、謝罪を表明した「河野洋平官房長官談話」（一九九三年）について、「見直しはしないけれども、もはや役割は終わった。骨抜きになっていけばいい」「来年は戦後七〇年、新たな談話を出すことによって、結果として骨抜きになるんじゃないか」と発言。菅官房長官は翌日、この発言を「個人的見解」だと記者会見で述べました。萩生田氏の、韓国や朝鮮に関連する問題への執着は、高校時代から続く「個人的感情」もあるのかも知れませんね。

古賀　萩生田氏は自民党総裁特別補佐だった二〇一三年、二〇一四年、官房副長官となった二〇一五年と安倍総理の代理人として靖国神社に玉串料を奉納しています。まるで安倍首相の影武者のようですが、安倍首相が萩生田氏を重用することについてジャーナリスト田《た》原総一朗《はらそういちろう》氏は自民党役員人事、特に幹事長代行になった萩生田光一議員について、「萩生田光一というのはね、加計学園問題のいわば一番の責任者ですよ。自民党の何人もの実力者に聞いたけど、なぜ安倍さんが彼を推したのか理解できないとみんなそう言っています」と、批判しました。幹事長代行といえば、党三役に次ぐ重要ポストで、党運営のキーマンでもあります。

ところが、放送のあと「萩生田幹事長代行から抗議を受けました」として、「田原さんの見解とはいえ、『加計学園問題の一番の責任者』というコメントは、一方的で、正確性を欠く表現でした」と謝罪してしまいました。さらに、萩生田氏が六月二四日の閉会中審査で「私が指示を受けたり、文科省に対して指示を出したこともない」「工期や開学時期について発言したことはありません」など加計問題に関する「萩生田指示」を否定する発言を改めて紹介、萩生田氏にお詫びしたそうです。テレビ局がどれくらい萩生田氏を怖れているかがわかりますね。田原さんは謝りたくなかっただろうけど、涙を呑んで謝罪したんじゃないかと思います。

望月　しかし実際、安倍首相の二人羽織のように動く萩生田氏が、加計学園問題に重要な役割を果たしてきたことは事実ですよね。文科省が公開した文書には萩生田氏が「広域的に」と「（獣医学部が）存在しない」「（地域に）限り」という文字を加筆することで、（大阪府大の獣医学部が広域的に含まれるため）事実上の「京都産業大学外し」を内閣府に指示していたことが、手書きで記されていたし、六月一九日にNHKがスクープした文部省の内部文書「一〇月二一日萩生田副長官ご発言概要」の文書にも「総理は『（平成）三〇年四月』とお尻を切っていた」と萩生田氏が文科省に対し「総理案件」であることを伝えていたことが明らかになっています。

古賀　二〇一七年六月一六日の参院予算委員会で社民党の福島瑞穂《ふくしまみずほ》議員は「安倍首相と加計孝太郎理事長が『腹心の友』であることを知っていたか」と質問したら、「最近、盛んに報道されているから承知している」と答弁をしましたね。

望月　最近どころか、萩生田氏は二〇〇九年の総選挙で落選して以降加計学園が経営する千葉科学大学危機管理学部で客員教授を務めています。
萩生田氏自身が語っています。

「浪人中でも『客員教授』なら、心理的な落ち着きを感じる。当時の落選組のトレンドだった」。（中略）給与は月一〇万円。「浪人中の足しになった。助かった」

（「朝日新聞」二〇一三年七月一日）

望月　『文藝春秋』二〇一七年八月号「特集　日本の底が抜けていく　加計学園疑惑　下村ルートの全貌」によると加計学園から萩生田氏が得ていた収入は三三カ月で三三〇万円ではないようです。加計学園千葉科学大学のある元教員によると、「危機管理学部」という「安倍枠」があるそうです。この元教員も、安倍さんから頼まれた口らしい。どうやら大学と報酬の契約を交わしていなく、いくら貰えるのか不安だったので、安倍首相に『給料が決まらないいんですよ』と文句を言ったらしいのです。すると、安倍さんは『僕が加計に頼んだんだから、メンツを潰すようなことはしないよ』と自信満々でした」と言うのです。「実際、最初の四月の給与明細をみてびっくり。月額一二五万円もあるではないですか」。この元教員は週に三日、計六コマの講義を持っていたそうで、賞与を含めると年収はゆうに一五〇〇万円を超え、それまで都内の私大に勤めていたときから倍増したという。当然同じ安倍枠である萩生田さんのことだ、月額一〇万円であるはずがない。だいたい一〇万円では生活できないでしょう?

「安倍に一億ぐらい使っている」

古賀 加計氏が「安倍に一億円ぐらい使っている」と豪語するのは、こういう金額も含まれている可能性があります。恩義を感じた萩生田氏が果敢に加計学園認可に深く関わったとしても、まったく不思議はないですね。

望月 落選して無職の身分で講師に拾われて、「加計さんを知らない」、「安倍首相の腹心の友であることを最近の報道で知った」と言っても誰も信用しませんよね。「はぎうだ光一の永田町見聞録」という自身のブログの二〇一三年五月一〇日の投稿で、安倍首相、加計理事長と御自身が缶ビールを飲んでいるスリーショットを写真付きでアップしています。文科省のやり手の女性キャリアが記録していた文科省の文書には、加計学園の渡邉《わたなべ》良人《よしひと》事務局長の名前が記載されていました。萩生田氏は「事務局長の名前さえ知らなかった」と主張し、「自分が言ったことと違うことが文書には記載されている」と反論、菅長官は「主観や憶測が入っている」と非難していましたが、加計学園の関係者によると、「渡邉事務局長というのは、加計学園の全教員の採用や給与、年間スケジュールなどあらゆることを管理しており、渡邉事務局長を知らないという加計学園の教員は絶対いない」と話していました。

写真は2013年5月10日に萩生田氏のブログ「永田町見聞録」に投稿されたものである。「GW最終日は青空のもと安倍総理とゴルフをご一緒した」「前日は夕方から河口湖の別荘にてBBQ」との説明が添えられている
首相は5月5日夕、山梨県内の自身の別荘に入り、萩生田氏も宿泊。5月6日は萩生田氏、加計孝太郎氏らと近くの「富士桜カントリー倶楽部」でゴルフをした。この写真の場所は山梨県鳴沢村にある安倍首相の別荘。道を挟んで向かい側に加計氏の別荘がある。後ろ姿の女性は、ＳＩＤ創建取締役（獣医学部設計事務所）の加計泰代夫人

萩生田氏のブログ「永田町見聞録」
2013年5月10日投稿より

政商・加計孝太郎による学園ビジネスの錬金術

アイサワ&逢沢議員ルートのお金

古賀　二〇一七年一一月九日、学校法人「加計学園」の獣医学部に対して、翌年四月開学を認可する決定が下されました。それより半年も前の「建設通信新聞」ですでに「加計学園岡山理科大今治キャンパス一期　大本、アイサワで着工」と報じられています（二〇一七年四月一一日付）。

望月　加計学園は認可決定からわずか九日後の一一月一八日、読売新聞で「新しい獣医学部、誕生！」と全面広告を展開しました。安倍首相が国会の答弁で「熟読して」と推薦した讀賣です。全国版なので定価だと広告掲載料だけで四七九一万円（税別）かかります。割引価格ということもあり得ますが、いずれにしても大金をはたいていますよね。さらに、金額もすごいですが、全面広告ともなるとコピーライティングやデザインに相当な人手と時間が必要です。かなり以前から着々と広告掲載の原稿準備を進めていたことは間違いないでしょう。

古賀　結果的に、すべて加計学園のシナリオ通りに運んでいますね。認可を確信していなければ、できないことです。

望月　この記事ですでに「総事業費約一九二億円」となっています。総額の二分の一の九六億円は、愛媛県と今治市が補助金として負担し、残りの九六億円を加計学園が支払うことになっています。ところが、今治市議会に提出された資料によると、総工費のうち獣医学部建設費用は一四八億円で坪単価約一五〇万円です。一般に大学病院などの建設費用の相場は坪単価九〇万円もしないと言われます。そうだとすると、加計学園獣医学部はそれに比べて破格の高コストということになります。

この収支報告書が実名表記のため、政治資金規正法違反に問われかけた加計孝太郎氏は、2017年7月10日に「自由民主党岡山県自治振興支部」の代表者の氏名を「孝太郎」から実名の「晃太郎」に手書きで修正した。この収支報告書から政治団体「自由民主党岡山県自治振興支部」は加計氏が理事長を務める学校法人英数学館岡山校に事務所が設置かれていることがわかる

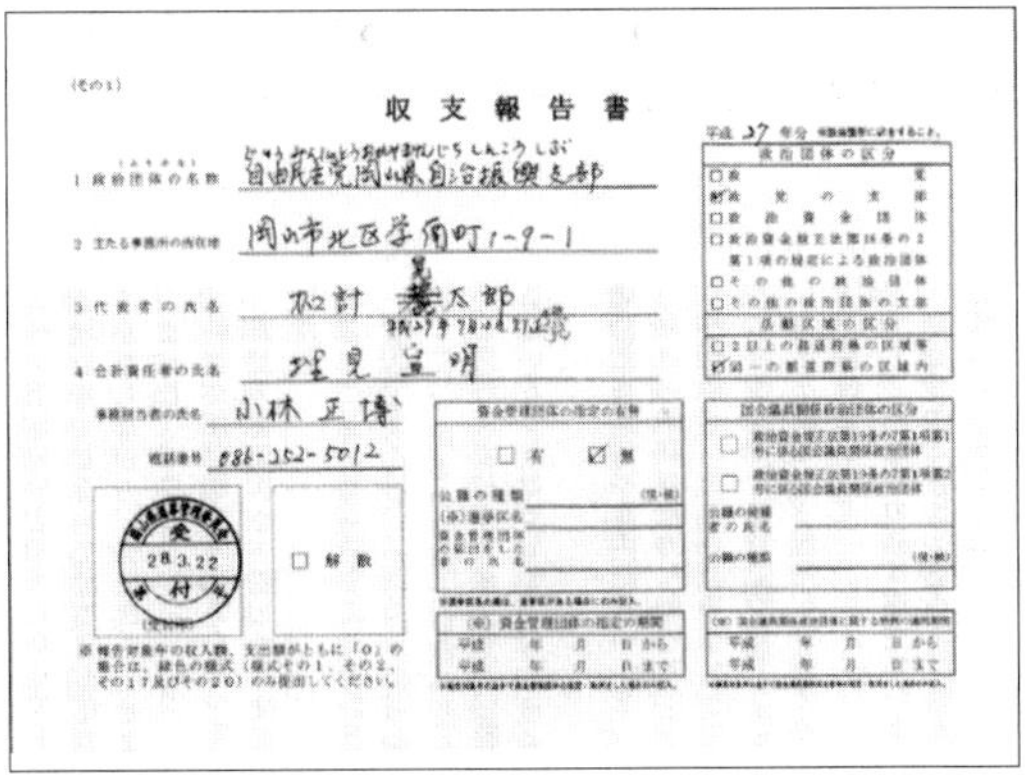
収支報告書
1 政治団体の名称　自由民主党岡山県自治振興支部
2 主たる事務所の所在地　岡山市北区学南町1-9-1
3 代表者の氏名　加計 晃太郎
4 会計責任者の氏名　堀見 宣明
事務担当者の氏名　小林 正博
電話番号　086-252-5012
平成27年分
□有　☑無

「巨悪対市民　今治発！加計学園補助金詐欺事件の真相」
モリカケ共同追求プロジェクト
発行。武田宙大《たけだちゅうだい》氏提供

今治市は加計学園への補助金決定通知を二〇一七年三月末に出しているのに、最近になってようやく建設費用の計算根拠を確認し始めたそうです。もしこの総事業費が水増しならば、森友学園の八億円の比じゃないスケールの疑惑ですね。加計学園獣医学部の設計と工事監理者は、株式会社大建設計 設計共同体と加計学園のグループ企業である株式会社SID創研が請け負っています。建設を受注したのは、岡山市のアイサワ工業と大本組です。

古賀 このアイサワ工業は自民党の元外務副大臣、逢沢一郎《あいさわいちろう》衆議院議員の親族（従兄）が社長の会社ですね。ちなみにアイサワ工業は逢沢議員の政治団体に七五〇万円寄付をしていますし、逢沢氏は加計学園国際交流局の顧問を三〇年ほど務めているそうです。

望月 大建設計は二〇一四年、岡山理科大学創立五〇周年記念の校舎建て替え工事でもSID創研と共同設計を行っています。施工は同じく大本組。大本組の本店は岡山市の加計孝太郎氏の自宅近所にあり、民進党の羽田雄一郎《はたゆういちろう》参議院議員の妻・七栄さんの実家です。

古賀 野党の民進党関係者にも工事を発注する加計孝太郎氏は、政界に大きな影響力を持っているのでしょうね。

望月 補助金目当てで学校を設置し、そこから得たお金でパーティー券購入や献金をして政治家に恩を売り、「腹心の友」に選挙の応援と合わせて巨額の資金を使う。まさしく「学園ビジネス錬金術の政商」という肩書が、加計理事長にはぴったりです。設計をしたとされるＳＩＤ創研の事業内容は加計グループのホームページにも掲載されていますが、建築にとどまらず多岐にわたっています。まあ加計グループの学園運営以外のよろずや的役割の会社なのかもしれません。

今治市の不可解な予算計上

古賀　このＳＩＤ創研の取締役には、加計理事長の再婚した妻・加計泰代《やすよ》さんが入っています。今治市から加計学園に交付された補助金の要綱には、設計業者選定は「原則として競争入札」と書かれていますが、どうも入札が実施された様子がないのです。入札されなかったがために、設計事務所の作成した見積金額がそのまま通ったように思えます。

設計も施工も加計学園の関連会社となると、マネーロンダリングして政治家への資金還流も容易ですね。

森友は土地の値引きで八億円の血税が無駄づかいになりました。いっぽう加計学園への補助金の拠出は、当初愛媛県が三二億円、今治市は最大六四億円のはずでした。ところが、二〇一七年三月三一日の加計学園の申請書では、三二億円多い九六億円。補助金の全額を今治市が負担することになっていたのです。市はそれを即日決裁で認めました(『週刊朝日』二〇一七年七月一四日号)。今治市議会はよく、そんな予算を通したものです。

望月　獣医学部誘致については、加計学園から今治市長を通じて市議会議員に平均一〇〇〇万円の賄賂を渡された疑いがもたれています。菅良二《かんりょうじ》市長、二五名の市議会議員、加計孝太郎理事長が二〇一七年七月三一日と八月二七日に二回に分けて、松山地方検察庁に市民から告発されています。

古賀　政治家への賄賂は現金が原則なので事実であったとしても、立証しにくいですね。加計学園は、政治家だけでなくマスコミへの根回しも怠っていません。地元の山陽新聞の越宗孝昌《こしむねたかまさ》会長は、安倍首相と同じく加計学園の役員を務め、社長時代には加計学園五〇周年記念館で「教育や研究の推進などを盛り込んだ包括的連携協力に関する協定」の調印式を行い、岡山理科大学の「企業情報特論」の講師に幹部を送り込みました。また毎日新聞大阪本社元編集局次長の小林宏行《こばやしひろゆき》氏も岡山理科大学教授と加計学園広報室参与を務めていました。さりげなくマスコミを抱え込んでいますね。

望月　好待遇の天下り先を用意されては、マスコミも批判の矛先を向けられないということでしょうか……。

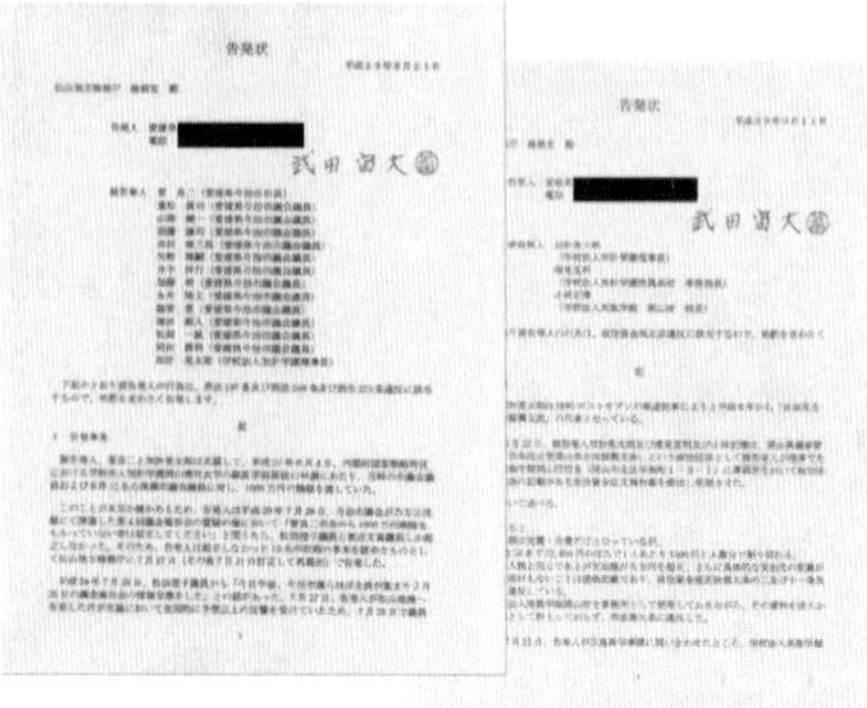
告発状

[redacted]

武田宙大

告発状

[redacted]

武田宙大

武田宙大さんは、管今治市長と加計理事長が共謀して、今治市議に各1000万円賄賂を渡したとして松山地検に、また加計理事長の政治資金規正法違反で岡山地検に告発している。武田宙大氏提供

「総理のご意向」メモはなぜ生まれたか

出所不明な怪文書は調査する必要はない!?

古賀　菅内閣官房長官は二〇一七年六月八日の時点では、加計学園をめぐる「総理のご意向」文書について「出所や入手経路が明らかにされない文書の確認調査を行う必要がないと判断したと承知している」とコメント。それが一転、安倍首相の再調査指示へ事態が動きました。これは、先ほども言いましたが、長官会見で望月記者のたたみかけるような質問があったからこそですね。

望月　あのときは、私の音声がニュースで流れていたので質問している記者は私一人だったと思われていますが、ジャパンタイムズの吉田玲滋《よしだれいじ》記者もかなりしつこく「調査をしないということの理由がわからない」と菅長官に再調査を迫っていました。

菅長官はこの六月八日の記者会見後、通例の番記者オフレコ囲み取材に応じることなく、いつもの官房長官室にも戻らず、総理執務室に向かったそうです。そして翌九日には松野博一文部科学相が「文科省に寄せられる国民の声をもとに総合的に判断した」と再調査にとりかかる旨を述べ、首相からも「徹底した調査を速やかに実施するように」との指示があったと話しました。その後六月一五日午後には文科相が記者会見で、問題になった一九の文書やメールのうち、一四の文書について存在が確認できたとして公表しました。さらに「前回調査の対象以外の共有フォルダから文書の存在が明らかとなった。大変申し訳なく、結果を真摯に受けとめている」と謝罪も行っています。

古賀 このとき公開された文書のうち、内閣府が文科省に出した「獣医学部新設に係る内閣府からの伝達事項」を見てみると、「平成三〇年四月開学を大前提に、逆算して最短のスケジュールを作成し、共有いただきたい」「これは官邸の最高レベルが言っていること」という強い表現が目をひきます。また、「平成三〇年四月開学を大前提」とは、かねてより事業計画を進めていた「加計学園」の認可が前提になっています。また「獣医学部新設を一校に限定するかは政治的判断である」という微妙な言い回しは、文科省への圧力にも受け取れます。

五〇年以上認められなかった事案

古賀 この内閣府からの〝伝達〟に対し、文科省が「感触を確認してほしい」と出したのが次の文書です。「設置認可に必要な準備が整わないのではないか。平成三一年四月開学を目指した対応とすべきではないか」と、非常に無理なスケジュールであると述べています。また、五〇年近く認められなかった事案であり、特に「麻生副総理、森英介議員など獣医学部新設に強く反対している議員がいるなかで」、もっと根回しが必要ではと懸念しています。

大臣御指示事項

以下、二点につき、内閣府に感触を確認してほしい。

●平成三〇年四月に開学するには、平成二九年三月に設置認可申請する必要があるが、大学として教員確保や施設設備等の設置認可に必要な準備が整わないのではないか。平成三一年四月開学を目指した対応とすべきではないか。

●麻生副総理、森英介《もりえいすけ》議員など獣医学部新設に強く反対している議員がいる中で、党の手続きをこなすためには文科・農水・内閣府の部会の合同部会もしくはPTを設置して検討を行うべきではないか。少なくとも、衆院福岡六区補選（一〇月二三日投開票予定）を終えた後に動くべきではないか。

望月　ずいぶん唐突に「衆院福岡六区補選を終えた後に」とでてきますね。これは鳩山邦夫元総務相の次男で前福岡県大川市長・鳩山二郎《はとやまじろう》氏と、日本獣医師会長の長男で林芳正《はやしよしまさ》前農相秘書・蔵内謙《くらうちけん》氏との自民分裂選挙のことです。知名度を生かした鳩山氏の圧勝でした。内情は菅官房長官の支援を受けた鳩山二郎対麻生大臣の地元の盟友でもある蔵内勇夫の長男との闘いであったのです。つまり……。

古賀　選挙は加計学園獣医学部設置の推進派と反対派の「場外の闘い」でもあったのですね。この文書が補欠選挙の行われた二〇一六年一〇月二三日以前に書かれたものであることが、内容の信憑性を高めていますね。

望月　そして「大臣御指示事項」の回答に当たるのが次の文書です。「平成三〇年四月に開学するには、準備が整わないのではないか」という文科省の危惧に対して、内閣府は「『最短距離で規制改革』を前提としたプロセスを踏んでいる状況であり、これは総理のご意向だと聞いている」と、「総理のご意向」という伝家の宝刀を抜いて押し切ろうとしています。その手続きとして「『国家戦略特区諮問会議決定』という形にすれば、総理が議長なので総理からの指示に見えるのではないか」という露骨な表現も出てくるのです。

「総理のご意向文書」
加計学園獣医学部の開校に向けて、「総理のご意向」および萩生田官房副長官などの官邸主導が明らかな19種類の文書やメールからの抜粋

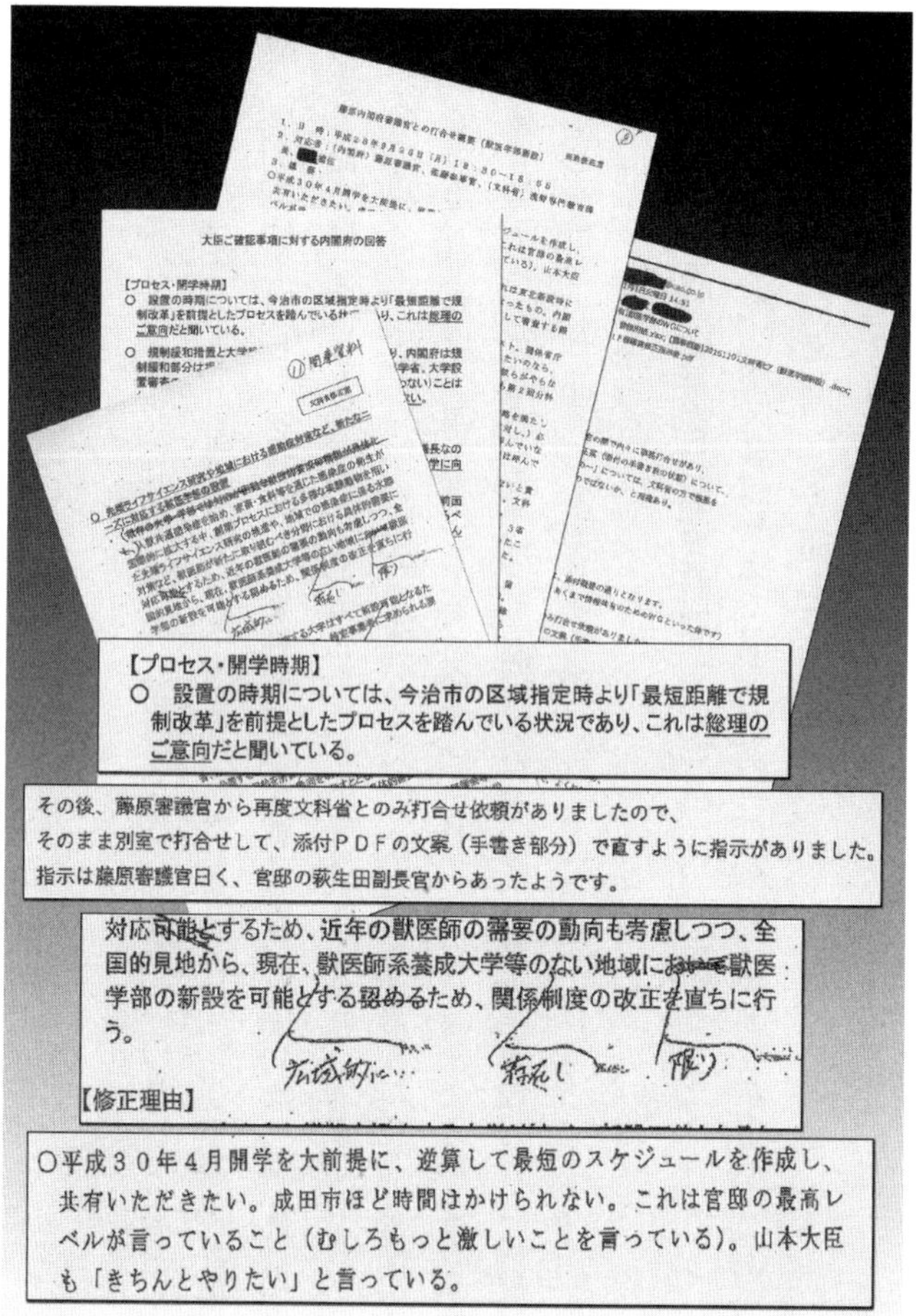

【プロセス・開学時期】
○ 設置の時期については、今治市の区域指定時より「最短距離で規制改革」を前提としたプロセスを踏んでいる状況であり、これは総理のご意向だと聞いている。
その後、藤原審議官から再度文科省とのみ打合せ依頼がありましたので、
そのまま別室で打合せして、添付ＰＤＦの文案（手書き部分）で直すように指示がありました。
指示は藤原審議官曰く、官邸の萩生田副長官からあったようです。
対応可能とするため、近年の獣医師の需要の動向も考慮しつつ、全国的見地から、現在、獣医師系養成大学等のない地域において獣医学部の新設を可能とする認めるため、関係制度の改正を直ちに行う。
広域的に
存在し
限り
【修正理由】
○平成３０年４月開学を大前提に、逆算して最短のスケジュールを作成し、共有いただきたい。成田市ほど時間はかけられない。これは官邸の最高レベルが言っていること（むしろもっと激しいことを言っている）。山本大臣も「きちんとやりたい」と言っている。

「文科省だけが怖じ気づいている」

古賀　その後の、NHKの『クローズアップ現代』でも紹介された文書「一〇月二一日萩生田副長官ご発言概要」の内容がまた強烈です。萩生田光一氏の発言として「和泉《いずみ》（洋人《ひろと》首相）補佐官からは、農水省は了解しているのに、文科省だけが怖じ気づいている、何が問題なのか整理してよく話を聞いてほしい、と言われた」としたうえで、獣医学部新設について「官邸は絶対やると言っている」と記しています。また、「総理は『平成三〇年四月開学』とおしりを切っていた。工期は二四ケ月でやる。今年一一月には方針を決めたいとのことだった」とも記載。さらに「渡邉（良人）加計学園事務局長を（文科省の専門課長）浅野課長のところにいかせる」という記述まであります。

一〇月二一日萩生田副長官ご発言概要

●（一一月にも国家戦略特区諮問会議で獣医学部新設を含む規制改革事項の決定がなされる可能性をお伝えし、）そう聞いている。

●内閣府や和泉総理補佐官と話した。（和泉補佐官が）農水省とも話し、以下3点で、畜産やペットの獣医師養成とは差別化できると判断した。

（中略）

●一方で、愛媛県は、ハイレベルな獣医師を養成されてもうれしくない、既存の獣医師も育成してほしい、と言っているので、二層構造にする。

●和泉補佐官からは、農水省は了解しているのに、文科省だけが怖じ気づいている、何が問題なのか整理してよく話を聞いてほしい、と言われた。官邸は絶対やると言っている。

●総理は「平成三〇年四月開学」とおしりを切っていた。工期は二四ケ月でやる。今年一一月には方針を決めたいとのことだった。

●そうなると平成二九年三月に設置申請をする必要がある。「ハイレベルな教授陣」とはどういう人がいるのか、普通の獣医師しか育成できませんでした、となると問題。特区でやるべきと納得されるような光るものでないと。できなかったではすまない。ただ、そこは自信ありそうだった。

●何が問題なのか、書き出して欲しい。その上で、渡邉加計学園事務局長を浅野課長のところにいかせる。

●農水省が獣医師会押さえないとね。

望月　萩生田副長官は九日午前の記者会見で、文科省が内部文書の存否を再調査すると決めたことに関し、「その資料が実在したとしても、正しいかどうかは、その次の話だ」と述べ、否定コメントを出しています。

この背景について、前川喜平さんが森功さんのインタビューで解説しています。

「萩生田さんは文科省の政策に理解があると思っていました。それで当時私は文科省の意見を官邸サイドに伝えてくれる緩衝役を期待していた。実際一〇月七日時点での担当部局とのやりとりでは、二〇一八年四月に獣医学部を開設しろとは言っていませんでした。ところが二週間後である二一日付けの新文書を見ると『総理がおしりを決めている』とプレッシャーをかけている。そのあいだに何が起きたのか。

時系列に沿って整理してみるとこの間、内閣府が一七日に文科省抜きで京都産業大学からヒアリングを行い、提案書を受け取っている。それでひょっとすると、このままでは加計が負けると官邸サイドが焦ったのかもしれません。それが二一日の萩生田さんと常盤局長の面談につながっているのではないか」と推認しています。

（『文藝春秋』「加計学園疑惑 下村ルートの全貌」二〇一七年八月号　森 功）

古賀　確かに遡ってみると、前川さんが言われるとおり一〇月七日の文書では、獣医学部開設の期限を切っていません。

「これは総理案件だ」とダメ押し指示する萩生田副長官

古賀　先の「萩生田副長官ご発言概要」によれば、萩生田副長官は、「官邸は絶対やる」「総理は二〇一八年四月開学と決めている」とはっきり〝総理案件〟だと宣告し、その上で、加計学園事務局長を浅野課長のもとに行かせるとまで指示しています。それでもまだ京都産業大学の質の高い提案に「加計が負けるかも」という危機感を持ったのでしょう。国家戦略特別区域諮問会議にかける「国家戦略特区における追加の規制改革事項について（案）」を、今治市の提案、加計学園しか認可されないような内容へと修正するよう、ダメ押しの指示をしたわけですね。

萩生田氏が二〇一六年一一月一日付けの内部メールで指示した内容が明らかにされています。「添付PDFの文案（手書き部分）で直すように指示。指示は藤原審議官によると、官邸の萩生田副長官からあった」とされています。この条件を加筆したことにより、京都産業大学は獣医学部新設の対象外になってしまいました。

望月　そして二〇一六年一一月九日、国家戦略特別区域諮問会議において、三カ所加筆して事務方が用意した案が、「異議なし」の唱和によって決定事項となったのです。

「今治加計獣医学部問題を考える会」の代表黒川敦彦《くろかわあつひこ》氏が公表した「獣医学舞棟図面」、最上階の7階をみると、この階には各種実験室どころか教室さえもない。大きなスペースとしては「大会議室」がある。ところがその脇には「パンドリー」があり、備品設置項目をみると、「ワインセラー」がある。黒川氏は「西北の位置には瀬戸内の展望が広がり、しまなみ海道まで臨める。夕日を眺めるには絶景で・・・・大会議室と称する部屋はゆうゆう 100 人を超える立食パーティーは開けるスペースである。開校の記念パーティーの席に招待される政治家達を想像しながら、この設計図の配置こそがもっとも加計学園の体質をあらわしている」と語っている。黒川敦彦氏提供

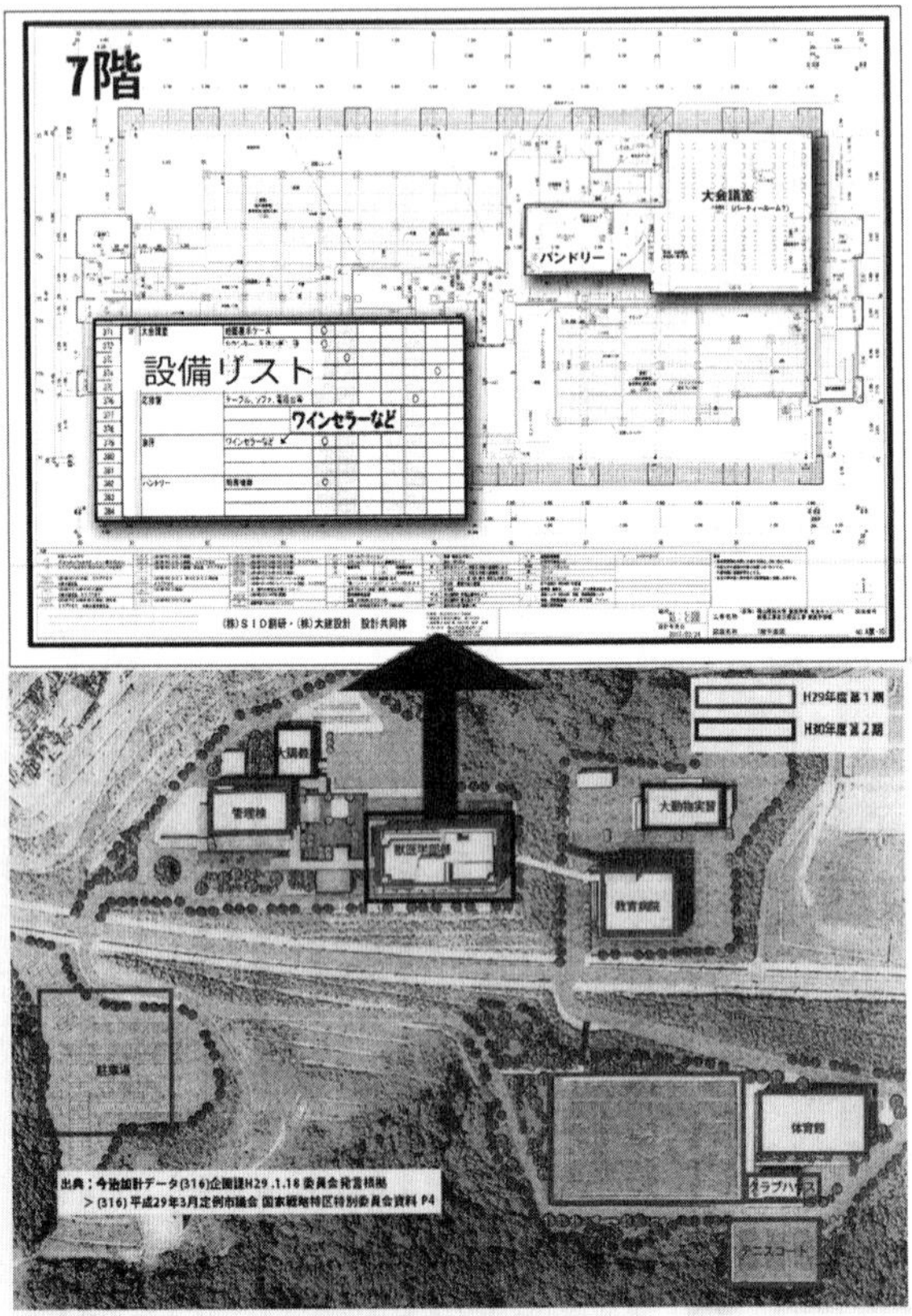

PART 4

安倍政権の正体

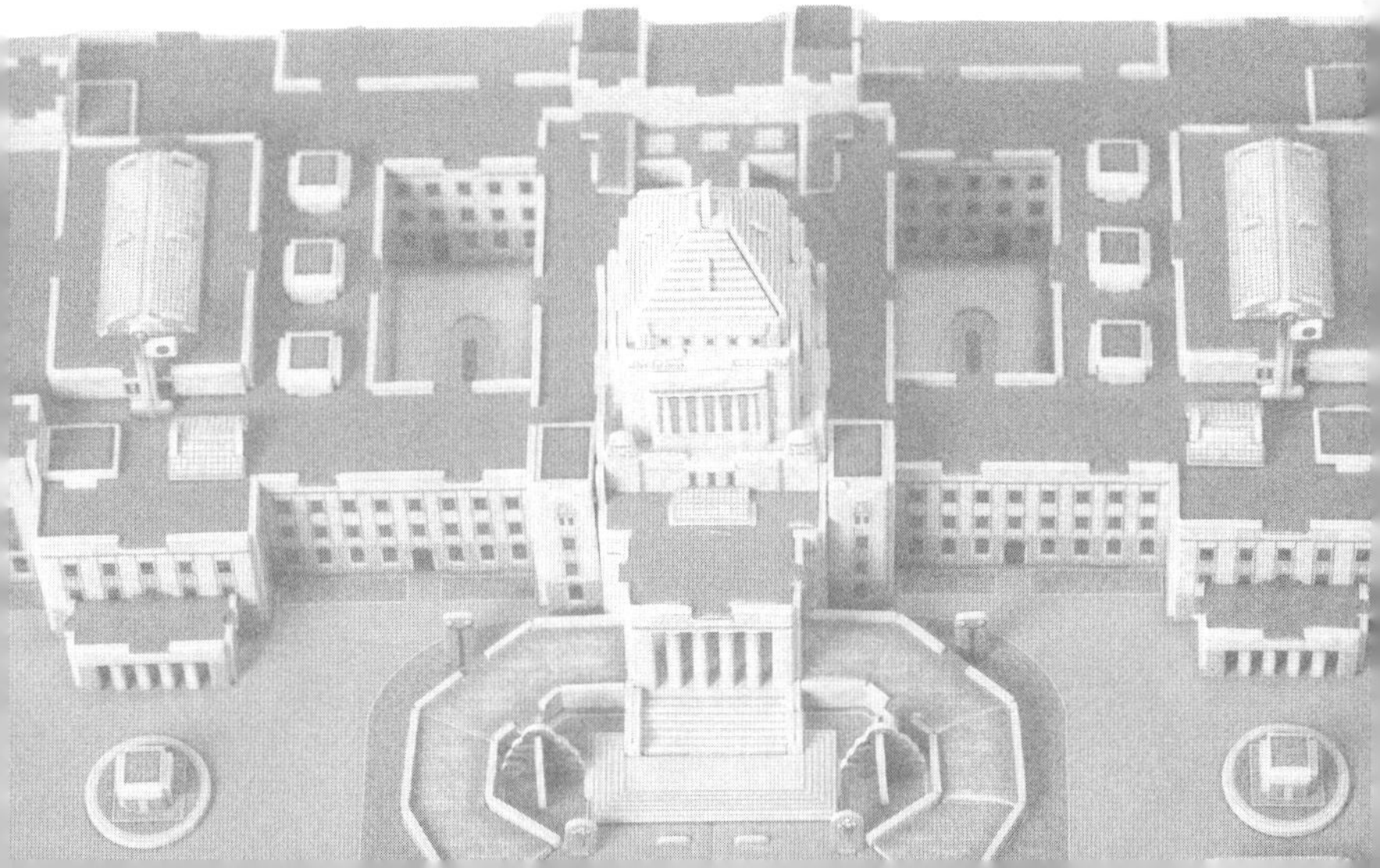

安倍一強とメディア操作

【萩生田文書】 二〇一四年一一月二〇日、萩生田光一・自民党筆頭副幹事長と福井照《ふくいてる》・自民党報道局長の連名で在京テレビ各局の編成局長と報道局長宛てに出された「選挙時期における報道の公平中立ならびに公正の確保についてのお願い」というタイトルの文書。内容は「ゲスト出演者等の選定についても公平中立、公正を期して」「テーマについて特定の立場から特定政党出演者への意見の集中などがないよう」「街角インタビュー、資料映像等で一方的な意見に偏る、あるいは特定の政治的立場が強調されることのないよう」などと求めている。

政権に批判的な出演者を排除

望月 安倍さんがここまで異常に強くなれたのは、どうしてだと思われますか。

古賀 基本はメディアを抑えたことにあります。しかも、安倍政権は「抑えた」と確信を持った。ここが大きいです。

望月　二〇一四年一二月の総選挙の前月、萩生田光一・自民党幹事長代行（当時）らがテレビの選挙報道の在り方に対し警告ともとれる文書を、各テレビ局の編集局長宛てに出したころから、目に見えて変わりましたね。

古賀　何があったかというと、二〇一四年の総選挙の前に萩生田文書が届いたことを、テレビ局はみんな隠していたわけです。あれは私がリークしているのですが、ネットで取り上げてもらったり、『日刊ゲンダイ』で書いてもらった。そうすると、さすがに新聞社は扱わざるを得なくなり、少しずつ書きだしました。

でも、テレビ局は一切、放送しなかった。そのなかで、田原総一朗さんはさすがに、『朝まで生テレビ！』でそれを出したいと動いたけれど、テレビ局に抑え込まれ、文書そのものは出なかったそうです。もう一つ、自民党に不利なことを少しでも口走りそうな出演者を、プロデューサーが出演キャンセルしました。もちろん田原さんは烈火のごとく怒ったわけですが、結局、報道局長との直接の話し合いで説き伏せられてしまったそうです。

政権に批判的論調をとる番組自体が相当少なくなるなかで、最後の砦と見られていたテレビ朝日の『報道ステーション』が一番先に抑え込まれました。一年ぐらいかけて圧力をかけてきて、私も含めて安倍政権に批判的な出演者を排除していった。結局、軍門に下ったわけです。

以前の『報道ステーション』は、そういうことがない番組だったのですが……。

民主党政権時代、私が出演したときに、当時官房長官だった仙谷由人《せんごくよしと》さんから直接番組幹部に電話がかかったりしたことがあったが、「何言ってるんだ、あなたの方がおかしい」と現場で反論して済んでいたわけです。それができなくなってしまった。

単にメディアを抑えたということだけでなく、メディア側が、「安倍政権というのは尋常じゃない」という感覚を持ったということが、大きく影響しています。

望月　尋常じゃないというのは、どういうことですか。

古賀　いわば、金正恩と戦っているようなものです。これまでの政権では、まさかそこまで言ってこないだろうとか、社長に怒鳴り込むようなことはないだろうというふうに、一定の節度というものがありました。しかし、安倍政権というのは、メディアを本当に潰しに来るかもしれないと思わせた。しかも、個人を潰しに来るので怖いですよ。安倍さんは、SNSなどで、自分の敵だと思った人を直接攻撃したりする。一番有名なのは、フェイスブックで田中均《たなかひとし》・元外務審議官について、「彼に外交を語る資格はない」と発言した一件です。一国の最高権力者が相手に反論する機会も与えず公然と個人を避難したことに驚きました。これについては、かなり強い批判があったので、最近はやらなくなりましたが、逆にもっと陰湿な方法での個人攻撃が行われるようになりました。私の場合も、菅官房長官の二人の秘書官がテレビ朝日の幹部に批判のメールを送ったり、あるいは、菅官房長官自身がオフレコ会見と称して、テレビ局に圧力をかけました。オフレコとはいっても、実際はメモ

(C) ぼうごなつこ/Twitter@nasukoB

になって記者が社内に報告することを計算した手口です。さらに、右翼的思想を持った安倍応援団が、さまざまな形で安倍政権を批判する有力なコメンテーターなどを攻撃するんです。『報道ステーション』でレギュラーコメンテーターをしていた恵村順一郎《えむらじゅんいちろう》さんも、局の放送番組審議会で、安倍シンパとして有名な見城徹《けんじょうとおる》委員長（幻冬舎代表取締役社長）にあからさまな批判を受けて、コメンテーターをクビになりました。TBSの『NEWS23』のアンカーだった岸井成格《きしいしげただ》さんの場合も、安倍シンパの「有識者」たちが岸井氏批判のための全面広告を読売新聞と産経新聞に載せて徹底攻撃したため、番組から降板させられました。広告を載せた新聞社もひどいですが、いったいいくらお金がかかったのかなと思います。時の権力者を敵に回すとこういうことになるんだぞという脅しの効果は絶大です。触らぬ神にたたりなし。というか安倍政権は尋常じゃないから、かかわらない方が良いということになっていったのだと思います。

メディアトップと総理の〝お食事会〟

望月　政権が番組を抑えようとしても、トップが、それでも「やれ」と言えば突っぱねられたと思いますが。いま、テレビ局のトップが安倍さんと平気で食事会をもっています。その影響はどうですか。

古賀　ものすごく大きいですよ。いまのマスコミトップたちは、総理大臣から携帯電話が鳴ったら嬉しそうにはしゃいじゃったりするらしいですからね（笑）。

望月　TBSは断っているらしいですよ。手なずけようという意図なのか、食事などのお誘いが、官邸から来るには来るらしいですけど。

古賀　それこそがメディアのとるべき姿勢ですが、テレビ朝日などでは未だに続いていますね。加計学園問題で二〇一七年五月二四日、前川喜平・前文部科学事務次官が記者会見で、政権に不利な内容の発言をしそうだという前夜の段階で、総理に呼ばれて行っているわけです。

望月　会長、報道局長、政治部長、番記者まで行っていますね。

古賀　普通は、社交という話であれば、会長が行くところまではギリギリ許されるかもしれない。でも、会長は絶対に、報道局長に「今回はタイミングが悪いから、君は（一緒に行くのは）止めておいたほうがいい」と言うのが常識です。報道局長も「会長、いまの時期、やっぱりまずいですよね」と言うのが普通なのに、番記者まで連れて行っているというのはスキャンダル以外の何ものでもない。

昔だったら、メディアが権力におもねることは恥ずかしいと思っていたはずです。政権側も、そんなことをやっているというのはまずいという常識や節度がありました。それがいまは、会長が安倍さんと仲良くなったというのを堂々と出しています。

望月　トップ同士がくっついていて、トップダウンで現場に指示が来たら……。

古賀　出世のことを考えているサラリーマン記者であれば、トップの意をくむということになりがちです。これも忖度ですね。だけど、そうじゃない人でも、面倒になってしまいます。どういうことかというと、トラブルが起きたときに、昔だったら部長や報道局長が「ここは俺に任せろ、お前たちは気にしないでやるべきことをやってくれ」と盾になってくれた。ところが、今は、それと真逆のことが起きています。報道局長から、「どうしたんだ、おまえ。大丈夫か、官邸から文句が来たぞ。何があったのか報告しろ」と言われる。そんなことに時間をとられていたら、大事な取材や原稿執筆ができなくなる。だから、問題にならない範囲で記事を書こうということになってしまうのです。これが重なって、どんどん自分で幅を狭めて、がんじがらめになっていく。

結局、政治部の記者は、毎日毎日、記者クラブの会見に行き、「菅さんがこう言いました。きっと、これはこういう意味でしょう」という記事を送ることが仕事になってしまっています。

安倍総理自ら本気の広報戦略

望月　安倍政権のメディア操作術は上手いというか、気合が入っています。細かいし、手が込んでいるし、時間をかけるし。いままでの政権は、そんなに面倒なことはしなかったように思います。一度野党に転落したことで、官邸は、いかにメディア、特にテレビをコントロールしていくことが必要かを考えていると聞きます。

古賀 安倍さんはそのあたりの能力は非常に長けています。しかし、安倍さんが細かいことを考えているからでも何でもありません。要するに、広報戦略で一番大事なことは、トップが本気でやるということです。

普通の日本の会社がダメなのは、広報は広報部や広報担当役員がいて、トップは、そこに乗っかっているだけだからです。会見のときだけ出てきて「はい、これを読んでください」と言われて、その通りに動くだけ……。

だけど、たぶん安倍さんは常日頃からそういうことばかり気にして見ているのでしょう。トップが関心があるとなれば、それに対して、さまざまな人がいろいろな知恵を出してきて、そこで点数を稼ごうとするわけです。いままでは、政策とか利権づくりが点数稼ぎだったのですが、いまは広報も大きな点数稼ぎの要素です。

マスコミ対策費は一〇〇億円!?　活躍する広告代理店

古賀 さらにいえば、自民党はマスコミ対策費用がめちゃくちゃ潤沢なのです。議員の数が多いから政党助成金も多額になる。そのお金を使い切れないわけです。最近までは政権の広報は、ずっと電通がやっていると思われていたけれども、いまや、他の広告代理店も含めて、とにかく社内の優秀なスタッフを自民党につけて、どんどん提案するわけです。

望月 こんなに良いスポンサーはないですよね。電通にしたら、テレビでの広告収入が落ちているぶん、政府から稼げるわけですから。

古賀 昔は、電通の社長が自民党と親しくて、思想的にバックアップしているというように思われていました。いまはそれよりも純粋なビジネスとして力を入れている。

政府がメディアを抑えた事実は、まさに数字にも表れています。メディア対策予算は野田政権のときには四〇億円ぐらいでした。安倍政権では二〇一三年度で四三億円、二〇一四年度は六五億円、二〇一五年度になると八三億円になっています。まだ増える傾向にあります。安倍政権はイメージ戦略を非常に重視しているので、たとえば、官邸の機密費とか、自民党のいろいろな領収書なしで使える予算とか、そういうものまで入れると、一〇〇億円を超えるオーダーになっていても不思議ではありません。

望月 普通、そんなに使え切れないと思えるような、すごい額ですね。電通や博報堂、広告代理店がみな、必死になって食い込もうとするのもうなずけます。

ノンポリ系の一般雑誌もターゲット

古賀　イメージ戦略は彼らが得意とする仕事ですからね。いろいろな案を持ってくるそうです。たとえば、こんな話を聞きました。最近は女性誌とかコミック誌なども対象になっていて、よくある政府広告ではなくて、記事としてこういうのをやってくれと。しかも個々の政治家の宣伝というより、もっと思想的なこと、少年漫画週刊誌で武器の特集やミサイルの話をやったり、女性誌で電力特集をやってさりげなく原発が大事という話を入れたりといった具合に。

望月　そんなオーダーまで入れるのですか。それは、あまりにもやり過ぎなんじゃないでしょうか。

古賀　普通のノンポリ系の雑誌を含めメディアを全部抑えようとしています。左でも右でもなくて、ただファッションに関心があるといった人たちに、知らないうちに、「ミサイルは怖いね〜」というようなイメージを刷り込んでいこうということなのでしょう。広告ではなくて「記事」として出ているので、普通の人は騙されてしまいます。

昔はそんなにやっていなかったけど、政府とのタイアップは儲かるわけです。しかも、出版不況ですから、雑誌は「う〜ん……」と困惑しながらもお金は欲しいと、足元を見られている。

また出た！「キャッチフレーズ政治」

望月 安倍政権はよくキャッチフレーズを出します。最近では二〇一七年九月に発表された「人生一〇〇年時代」。少し前には「女性が輝く社会」と言っています。

古賀 安倍内閣のこういうスローガンは、毎年出てきます。それでは、去年出したやつはどうなったのかというと、何も起きていません。「一億総活躍」とか、その後、どうなったのでしょうか。

望月 「どうなったのか」と追及しないマスコミにも責任がありますね。安倍さんの言う家族の形とか、働き方改革とか、女性とか、べつに画があるわけではなくて、単純に人気取り政策以外の何ものでもないという感じです。

古賀 確かに、おっしゃる通りだと思いますよ。安倍政権の最初の女性向け政策は何だったかというと、「三年間抱っこし放題」です。それが安倍さんの家族観なんですよ。安倍支持層の声だと言っても良いでしょう。要は、女は家にいて子育てをしろと。少なくとも子どもが三歳になるぐらいまでは、母親は仕事なんかやめて子育てをする。それが女性にとっての幸せだし、「美しい国日本」の麗しき伝統だという発想ですよね。

もちろん、それが幸せだという人もいるけれど、そうじゃない人も多いし、現実はもっともっと厳しい。

望月　三年間も現場を離れたら、女の人は、職場でポジションがなくなってしまいます。結構しんどいですよね。働き好きな人のなかには、半年のブランクでも痛いという人もいますしね。そういう現実も知らないのか、押しつけないでほしいと、女性はみな、冷たい反応を示しました。

二〇一七年八月の内閣改造のときも「仕事人内閣でございます」と、キャッチーな言葉を使いましたね。

古賀　でも、女性閣僚の数は減ったでしょう。

望月　すごく意識していたはずなのに、「仕事人」になった途端、急に減ってしまいました。

古賀　もう、計画性がないわけです。本当に「女性が輝く社会」を目指すというのなら、毎回、改造するたびに女性の閣僚が増えるくらいでないと。

望月　こういうのは誰が考えるのですか。経産省から官邸に行った補佐官や秘書官ですか。

古賀　そういう側近が考えることも多いようですね。裏で先の代理店から知恵をもらっていろいろ挙げてくることもあるでしょう。口先がうまい人が勝ち残っていくわけですね。

安倍首相　キャッチフレーズ内閣の歩み

「危機突破内閣」……………二〇一二年一二月第九六代内閣総理大臣就任記者会見で。

「三年間抱っこし放題」………二〇一三年四月成長戦略スピーチで。

「働き方改革」…………………二〇一六年八月第三次安倍第二次改造内閣のもと「働き方改革担当大臣」を設け、初代大臣に加藤勝信氏が就任。同年九月「働き方改革実現会議」が設置された。二〇一七年「地方創生」の柱に掲げられていたが、最近は「一億総活躍」の柱となっている。

「ニッポン一億総活躍」………二〇一六年六月閣議決定。

「すべての女性が輝く社会」…二〇一七年六月「女性活躍加速のための重点方針二〇一七」発表で。

「結果本位の仕事人内閣」……二〇一七年八月第三次安倍第三次改造内閣発足時。

「国難突破解散」………………二〇一七年九月衆議院解散表明の記者会見で。

「人生一〇〇年時代」…………二〇一七年九月に第一回構想会議が開催された。

「人づくり革命」………………二〇一七年六月の記者会見で発表、同年一〇月の衆議院選挙の看板政策となった。

北朝鮮とJアラート

【Jアラート】　全国瞬時警報システム。通信衛星と市町村の同報系防災行政無線や有線放送電話を利用し、緊急情報を住民へ瞬時に伝達するシステム。二〇〇七年から運用を開始。

北朝鮮の脅威は安倍政権の命綱

望月　安倍政権に反対している人たちが、たとえば、加計問題などで旗色が悪くなっていたのに支持率が回復したのは、北朝鮮がミサイルを撃ってきたおかげと、皮肉っています。これについてはどのように見ておられていますか。

古賀　北朝鮮と連動している、裏で繋がっている、という話ですね（笑）。

そんなことは絶対にないけれど、でも、安倍政権の命綱になっていることは確かです。要するに、安倍政権が北朝鮮の脅威を利用しているということでしょう。トランプ大統領が国内で追い詰められてエルサレムを首都にすると発表したり、金正恩を悪の権化に仕立て上げ、国民の関心を海外に向けさせようとしているのに非常に似ています。

望月　Yahoo!ニュースコメントは、最近、少数のネトウヨ（インターネット上で右翼的な発言をする人）が突出できないようになり、モリカケ問題などでは安倍政権に批判的なコメントもいっぱい出るようになった、と思っていました。けれど、二〇一七年の八月、九月に、北朝鮮にミサイルを発射され、Jアラートが流れた瞬間に「これでも九条を守れとか言っているバカがいるのか」的なコメントがバーッとあふれました。

ミサイルが飛んで「怖い！」となると、その怖さをまぎらわせるために、シェルターが売れ、敵基地攻撃能力アップが声高に叫ばれるようになって、まさに安倍政権の防衛族が喜ぶような方向に向かっています。

これはメディアの責任も大きいですが、たぶん、この流れが続くと、あっという間に準戦時体制のような、「備えよ常に」みたいな状況に進んでいってしまうのではないでしょうか。

これに関しては、石破茂元防衛相が、二〇一七年九月一五日のNHKのJアラートを知らせる警報内容について、ブログ上でこう厳しく批判しています。

「本日七時前に北朝鮮がミサイルを発射した際の報道の混乱ぶりはよく理解が出来ません。NHKニュースは政府の発表として『ミサイルが午前七時四分頃、日本の領域に侵入し、午前七時六分頃、領域から出て、午前七時一六分頃、襟裳岬の東およそ二〇〇〇キロに落

「国民の関心から防衛する」速報

2017.8.31 ぼうごなつこ

下した』と伝えました。

「領域」とは領土・領海・領空の総称であるため、高度五〇〇キロ以下を飛翔したのかと思っていたら、その後の発表ではこれをはるかに上回る高度であったようで、我が国の国家主権のおよぶ「領域」も「領空」も侵犯はされていないはずです。どうしてこのように基本的なことがあやふやのまま発表がなされたのでしょうか。南スーダンの『戦闘』という日報の表現を巡って大混乱に陥ったことに対する反省が活かされていないのではないでしょうか」

放送したJアラートの警告内容は、政府がマスコミに伝えたものです。まったくの事実誤認を、意図的にマスコミに流し、国民の不安を煽ったのではないかと言われても仕方ない内容です。「襟裳岬東の二二〇〇キロ」というのは、日本よりもアメリカの領土からの方が全然近いそうで(笑)。事実をねじ曲げてでも、北朝鮮ミサイルの脅威を政府は強調したかったのでしょうか。自分たちに都合の良い方向に情報発信する政府の意図を感じずにはいられません。こういうことに私達が敏感にならなくてはいけないなと、改めて思わされた出来事でした。

共謀罪と特定秘密保護法

【特定秘密保護法】 日本の安全保障にかかわる、特に四分野「防衛」「外交」「特定有害活動の防止」「テロリズムの防止」において特に秘匿する必要があるものを、大臣等が指定。秘密の有効期間は最長で六〇年、秘密を漏らした場合の罰則は最長で懲役一〇年。特定秘密を漏らす行為を教唆（そそのかすこと）する行為も最長五年の懲役となる。二〇一三年一二月公布、二〇一四年施行。内閣官房HPには「特定秘密の漏えいを防止し、国と国民の安全を確保することを目的」と掲載。

【共謀罪】 「共謀罪」は、犯罪を行うことを、具体的・現実的に話しあって、「団体の活動」として「組織により」実行することを「共謀」した場合、成立するとされる。

共謀罪が構成要件として含まれるため、「共謀罪法案」と呼ばれた。「テロ等準備罪」を新設した組織犯罪処罰法改正案は、二〇一七年七月施行。

一般人が逮捕される可能性もゼロではない

望月　二〇一七年共謀罪つまりテロ等準備罪がさんざん話題になりましたが、本当に、一般の何もしていない人たちが、政府の都合で逮捕されることはないのか気になります。

古賀　政府にとっては、すごく強力な武器ができたということですね。もちろん、共謀罪などなくても、いろいろなことで嵌めて逮捕するというのは、いままでも行われています。

共謀罪を使えば、たとえば、だいたい左翼の人なんて、みんな繋がっているわけで、そのうちの一人がはねっかえりで、悪いことをやったヤツがいたとすれば、実は共謀があったのだという理由で、周りにいる人たちみんなを引っ張ることができます。最終的に、起訴となるかはわかりませんが、その前の段階の逮捕・拘留なども幅広く行われる可能性があります。もっと恐ろしいのは、任意の取り調べみたいなものは、かなりやりたい放題に行われるのではないかということです。

ただ、共謀罪だけでは絶対済まないと思っています。たとえば、どこかでテロが起きたときに、警察が、「実は共謀罪の疑いで一所懸命追いかけていたのですよ。だけど、いろいろ制限がかかっていてやりにくかった、本当はここで盗聴していれば共謀罪で捕まえられたはずですが、それがいまの法律では認められていなかったので捕まえられませんでし

共謀罪とは

2017.1.13 (C) ぼうごなつこ

た」みたいな話が出てくるでしょう。

望月　先の審議中、政府側は「盗聴法を拡大するということは考えていません」と答弁していました。

古賀　それは、共謀罪を通すために本音を隠しただけだと思います。共謀罪だけでは、絶対まだ足りないはずなんです。

共謀罪はまだ第一段階で、いろいろな事例を引っ張り出しながら、ここで足りなかったとか、これができなかったとか、あるいは、オリンピックが近づいているが、実はいま、こんな噂が流れているのに何もできないんだとか理由を持ち出してくる道筋を作りました。二〇一八年にはそういう議論が出てくる可能性があります。

特定秘密保護法の最大の効果は「責任を問われない」

望月　元検事で希望の党だった若狭勝《わかさまさる》さんも、そんなことを言っていました。同じく、特定秘密保護法も政府の権力を強める感じですか。

古賀　特定秘密保護法で一番重要な点は、指定されると最長六〇年間、情報を隠せることです。例えば、北朝鮮と戦争をする決定をしたとします。その過程が、最長六〇年は表に出なくなります。ということは、その決定をした政治家は、自分が生きているあいだには絶対責任を問われません。

イラク戦争開戦時には、イラクが大量破壊兵器を保有している疑いがあるということを口実に、攻撃が始まりました。しかし、のちにわかったことは、実際には保有しておらず、その認識も攻撃側にはあった疑いが濃厚だ、ということです。それと同じことが、これから北朝鮮危機で起こるかもしれません。実は根拠が薄弱だと認識していたことが記録には残るけれど、六〇年間おもてに出ないということになれば、安心して決断できるわけです。

仮に、国家安全保障会議の四大臣会合で、誰か一人が「総理、やはり危ないのではないですか。この程度の情報で戦争を始めて、万一間違えていたら、それこそ我々は国民に顔向けできませんよ」と言ったときに、「いやいや、だから、これで大丈夫だから。この議事録は表に出ないから。出るころには、もう僕たちは死んでいる」という説得に使えるわけです。

特定秘密保護法の最大の効果はそこです。要するに、責任を問われないから、すごく戦争の決断をしやすい。戦争を始めるというのは、ものすごい責任を負うわけですからね。

望月 官邸の会見でも、共謀罪つまりテロ等準備罪と特定秘密保護法、安保法制の成立をやたらと強調していて、菅さんは「この三点セットができたことによって、非常に機微な情報がアメリカから入るようになりました」とよく言っています。

これが、たぶん、そのまま戦争にも適用されるわけですね。あとで振り返って、この判断は正しかったのかというときに、省みることができなくなるということですね。

古賀　アメリカでも、重要機密には保護期間があります。アメリカでは戦争というのは正しいことだという前提があるから、その正しいことを決断するときに、そんなに不安な目に遭わせてよいのか、決断する人の立場を守らなければならないという感覚もあると思います。

望月　でも、特定秘密保護法も安保法制も、日本国内での議論より先立って、国防総省はじめ、アメリカ側と話し合いがついており、アメリカの意向を受けて、日本で政治家がやったということのようですが……。

古賀　外務省や防衛省あたりも、やりたかったでしょうね。

日本の官僚の感覚でみると、すごくよくわかります。官僚が情報を隠すというのは、基本的に、あとで責任を追及されなくて済むから秘密にしたいというのが動機です。とりあえず何でも秘密にしておけば責任を問われない。いまは、これは絶対に正しいと思ったとしても、だからといって出してしまうと、万一何かで、あとで責任を問われるかもしれないから、とりあえず全部隠しておいたほうが得だという体質ですね。だから、アメリカに言われなくても、こういう法律には諸手を挙げて賛成するのです。

日米外交①

親米反中の功罪

米軍と仲良くすることで本当に日本は安全になるのか!?

望月 安倍政権は親米反中という方向性を明快に出していますが、選択肢はそれだけでしょうか。古賀さんは、どう考えますか。

古賀 まず、アメリカとセットになるのではなく、単独で生きると言った途端に、米軍と同じレベルの装備を日本自身が持たなければ、現在と同じレベルの安全は確保できないという議論が出てきて、それは不可能だ、やはりアメリカに頼るしかないというところに戻ってしまうのです。

しかし、冷静に考えてみると、アメリカというのはロシアと並ぶほど世界中に敵が多い国です。要するに、日本は何もしていなければ敵が、ほとんどいないはずです。北朝鮮が拉致をやったけれども、それは戦争ではない。もちろん、日本も武力で取り返すというつもりはない。そう考えると、日本として、北朝鮮と戦争する意味がどこにあるのかということになるはずです。

しかし、アメリカと一緒にいると、アメリカの敵が日本の敵になるわけです。あとでもお話ししますが、北朝鮮とはまさにそういう関係です。北朝鮮は日本がアメリカと一緒に戦争を仕掛けてこなければ、日本を攻撃する意図はない。そんなことをしても何の得もありませんからね。だから、アメリカと手を組むのをやめた途端に、北朝鮮を含めて圧倒的に敵が減るということ。それに日本人は気づいていません。

「中国が日本に攻めてくる」可能性

望月 そもそも、「アメリカとセット」が前提条件になり過ぎていることが間違いなんですね。

古賀 アメリカから見れば、安倍政権みたいな、こんなに都合のいい政権はほかにないわけです。たとえば、NATO諸国に対してアメリカは軍備増強しろ、軍事費拡大しろと圧力をかけています。ところが、安倍政権にはそういう言い方はしません。それはなぜかというと、何も言わなくても自ら進んでやるからです。アメリカが圧力をかけたというと逆にやりにくくなりますからね。

「北朝鮮が危ないぞ」となれば、アメリカからいろいろなものをたくさん買ってくれる。トランプ大統領が強調した来日の成果というのも、ほとんどアメリカから大型の武器を買うということですからね。

望月 アメリカと同盟を結ぶことで、以前はソ連の、そして現在は中国の脅威に対抗できるというのが日本人の一般的な理解ですが、これは本当に正しいのでしょうか。

古賀 確かに、北朝鮮から攻撃されないためにアメリカと縁を切ったほうがよいという議論をすると、必ず出てくる反論が中国の脅威です。そんなことをした途端に中国が攻めてくると言うけれど、私は、中国は絶対に攻めてこないと思います。少なくとも、攻めてこないようにすることは可能です。

たとえば、ベトナムのことをアメリカも、誰も守っていません。ベトナムと中国の間には、昔から国境紛争があるけれど、ベトナムは全然平気。なぜ中国はベトナムを占領しないのか。占領すれば東南アジアへどんどん攻め込んでいけますよ。それでもやらないのは、そんなことをしたら世界で生きていけないからです。いま中国は、世界でビジネスをしないと生きていけない国になっているから、そんなことは絶対できません。ましてや日本には自衛隊もあるし、本当に戦争になったら自分も相応の被害を受ける。それに、日本を取ってもしようがないし。静かに日本の土地や建物を買って利殖に励んだ方がずっとお得でしょうね（笑）。

望月 一部に沖縄を狙っているというような報道もありましたが。

古賀 なぜ取りたいのですかね。外洋への出口という指摘もありますが、中国海軍の艦船は、べつに、沖縄の陸を越えて行くわけではないですからね。

日本はアメリカから離れた方が、むしろ中国と仲良くしてもらえる可能性があります。中国から見れば大歓迎ですよね。

もちろん、いきなりそういうことはできないかもしれないけれども、裏取引をしながら中国と仲良くしていくほうがいい。中国のビジネスに日本がいかに食い込んでいくかを考えた方が国民には本当に利益になります。ドイツのメルケル首相はそうやっています。自動車産業のためとか、エネルギー産業のために、とにかく必死になって習近平《しゅうきんぺい》と交渉しています。

望月 こういう話は、どうしても私たちを不安にさせます。

古賀 中国が、ちょっと危ない国だというのは確かです。なぜ危ないかというと、北朝鮮も同じですが、民主主義でないからです。

民主主義の国だったら、まず日本に軍隊がなくて、まったく戦う意思がない場合には、日本とは戦争にはなりません。なぜかというと、戦争は人の命を奪うことだから、普通の国民は嫌がるわけです。民主主義の場合は国民が歯止めになるけれども、民主主義でない場合は国民が反対しても政権が倒れることはない。国民が歯止めにならないのです。

そういう意味では、中国がすぐそばにいて仲良くないというので、不安になるのはわかります。しかし、それでも、何とかうまくやっていく知恵を出すのが本当の外交でしょう。

日米安全保障条約

【日米安全保障条約】　一九五一年九月、サンフランシスコ講和条約とともに日米間で結ばれた軍事条約。占領軍が撤退した後、日本の安全保障のため米軍の日本駐留を定めたことになっている。一九六〇年に改定され、日米ともに、日本および極東の平和と安定に協力することを規定。第五条が、米国が集団的自衛権を行使して日本を防衛する義務を負う根拠とされる。期限は一〇年で、一九七〇年以降、自動延長されている。

日本は本当に「安保タダ乗り」なのか

望月　これまでのアメリカの防衛に関するさまざまな要求は、背景に日本の〝日米安保タダ乗り〟に対する不満がありますね。トランプも大統領選で強くそれを主張していました。しかし、本当にタダ乗りと考えるべきなのでしょうか。

古賀　日本はずっと、タダ乗りだと非難されてきたとかいわれていますが、日本は沖縄をはじめたくさんの基地を提供しています。それに思いやり予算などで思い切りアメリカにサービスしているのです。だから、アメリカは喜んで日米安保を維持しているのではないですか。アメリカが損していると思ったら、直ちに見直しを求めてきますよ。アメリカとはそういう国です。黙っているということは満足している証拠なんです。

それに、タダ乗りと批判されるというけど、実際に海外に行ってそんなことを言われた人なんかいないと思いますよ。

言われたとしたら、外務省と防衛省と閣僚くらいでしょう。ビジネスやってて、それで損をしたなんて聞いたことがない。要は、日本政府関係者がアメリカに言われているだけの話です。

日米安保が命綱という議論の行き着く先は

古賀　軍事的には、アメリカの抑止力が死活的に重要だ、まさに生き死にの問題だと、安倍さんや岸田さんは、何かあると必ず口にします。北朝鮮のミサイルが核弾頭を積んでアメリカに届くようになる。あるいは、グアムを攻撃し戦略爆撃機がやられるかもしれない。そうなれば、アジアにおける米軍の抑止力が、一気に落ちてしまう。それは、日本にとっては死活的に重要な問題だと。

「死活的に重要」というときには、彼らの頭のなかにあるのは、日本がもう潰れるということですよ。だから、そういう事態は防がなければいけない。北朝鮮がグアムの基地を攻撃するのなら、日本も一緒に戦わなければいけないという理屈になるわけです。問い詰めていけば絶対そうなります。

これはものすごく危険です。北朝鮮は、アメリカに潰されるかもしれないと恐れて、核武装するぞと言っているわけです。日本は、そのアメリカと北朝鮮の対立のところに入っていって、「トランプさん、がんばってください」とやっているわけです。

望月　「軍事的なオプションもあります」と言うトランプに対して、韓国大統領が「もしも攻撃するのであれば、事前に我々の了解を取ってくださいよ」と釘を刺したのに対して、安倍総理は「アメリカと完全に一致している」をひたすら繰り返していましたよね。

古賀　「日本は、自国が攻撃されない限り、北朝鮮を攻撃することも、北朝鮮と戦う米国を支援することもしません。米軍基地も使用させません」と言ったら、北朝鮮は絶対に日本を攻撃しません。つまり、アメリカと一緒にいるから日本が守られるというよりも、アメリカとは距離を置き、中立でいた方が日本は守られるわけです。

望月　これは日本国民の自主的な発想なのでしょうか、アメリカが日本にそういう発想を持たせようと、裏で仕込んでいるのでしょうか。

古賀　戦後七〇年の蓄積で、ずっとアメリカはソ連や共産主義から日本を守ってくれる保護者だと思っていた、というところから始まっていますね。

社会党が安保条約を容認したあたりから、安保条約の存在そのものに疑問を呈することはタブーになった感があります。共産党だけは別ですが、立憲民主党だって、日米安保の基本について議論するという勇気はまったくないようです。

まあ、陰謀とか何かもあるかもしれないけれども、それ以前に、国民みんなが自らの思考を凍結してしまった。「アメリカが日本を守ってくれる。本当にありがとう。アメリカはとてもいい国だ。原爆を落とされたことなんか忘れちゃいました」というのが、染み込んだままになっていますね。

スノーデンが明かした対日工作

【マルウェア（malware）】 不正で有害な結果を生み出すことを意図して作られたソフトウエアやコードのこと。「悪意がある」（malicious）と、「ソフトウェア」（software）を組み合わせた造語。

アメリカは「日本の裏切り」を想定している

望月 日本人は確かに頭からアメリカを信じ切ってしまっています。私たちの世代は、物心ついたときには、すでに当たり前のように日米安保がありました。「自由の国アメリカはすばらしい」という風潮でした。しかし、そもそもアメリカは日本のことを信じているといえるのでしょうか。

二〇一三年にアメリカ国家安全保障局（NSA）の個人情報の違法な収集の実態を暴露したNSAやCIAの元局員、エドワード・スノーデンが対日工作についても驚くべき証言をしています。

彼が日本の横田基地に駐在していたとき、日本の電力システムなどを停止することができるマルウェアを日本中のインフラに仕込んだというのです。その背景には、日本が日米同盟を裏切るかもしれないという前提があるわけです。

アメリカという国は、たぶん、表ではいい顔をしていても、裏では常に日本が裏切ることを前提にしたシナリオを作っている。そういう国ですよね。防衛省の幹部が「アメリカというのは凄い国だ。たとえば、日本が購入した防衛装備品の修繕などのために日本に来るが、彼らは修繕だけに留まらず、日本にアメリカの武器の機密情報が漏れていないかをかなり細かくチェックしている。表向きは『日米同盟のため』と言いながらも心底は日本を信じていない。どこかで裏切って情報を取っているのではないか、ということをいつも想定して動いている。そういう怖い国でもあるんだ」と言っていました。

仕込まれたマルウェア

望月　そんな現実をわかっている防衛省の幹部もいるわけですよね。だから内心では、「もうアメリカとは縁切りしたいな」と思っても(笑)、軍事に関してはさまざまな情報をアメリカ国防総省などから得て成り立っているという現実もあり、結局、断ち切れるわけではない。ある程度、アメリカの言う方向に従わなければ、日本の国防が成り立たないと半ば諦めている部分が大きいのかなと感じます。安倍さんも、アメリカ政府に歯向かったら、たぶん自分は潰されると思っているのではないでしょうか。

マルウェアを仕込まれているということを、もうスノーデンが公表したわけだから、対策を行えばいいわけですよね。でも実際に対策を取ったのでしょうか。

古賀 いや、取っていないと思う。だって、日米安保条約を破棄するなんて、夢にも考えていないから。アメリカは、日本の政治が自国に不利になるときには、常に裏で動いて不利にしようとしている人を潰してきたという、アメリカ陰謀論があります。CIAなどは、世界中でそのように動いてきた歴史があるから、事実の可能性は充分あります。

でも、アメリカが日本を潰すことはできないですよ、絶対に。マルウェアを発動させて、大混乱にはなっても、アメリカは日本を占領することはできないし、そんなコストをかけても大して得にならないですからね。

エドワード・スノーデン

米国家安全保障局(NSA)、中央情報局(CIA)の元局員。二〇一三年六月に、香港で複数の新聞社の取材を受け、NSAによる個人情報収集を告発。その後、亡命し現在、ロシアに滞在中。二〇一六年、オリバー・ストーン監督による映画『スノーデン』公開。その中で、日本でのマルウェア工作を公表。

安倍政権 恐怖の三点セット

【集団的自衛権】 同盟国などが攻撃されたとき、自国への攻撃と見なし、反撃できる権利。国連憲章など国際法で認められている。日本の歴代内閣は「保有しているが、憲法九条との関係で行使できない」との解釈を示していたが、安倍内閣は二〇一四年七月の閣議決定で解釈を変更。「①我が国と密接な関係にある他国に対する武力攻撃が発生し、これにより我が国の存立が脅かされ、国民の生命、自由及び幸福追求の権利が根底から覆される明白な危険がある場合において、②これを排除し、我が国の存立を全うし、国民を守るために他に適当な手段がないときに、③必要最小限度の実力を行使することは、……自衛のための措置として、憲法上許容される」とした。これが「存立危機事態」における集団的自衛権行使の新三要件と呼ばれるものである。

「攻撃される前に相手を潰せ！」

望月 古賀さんが主張している安倍政権の「恐怖の三点セット」、つまり集団的自衛権、国家安全保障会議、特定秘密保護法は、結局この状況下で、現実に軍備拡張、そして戦争への巻き込まれにつながっていくということですか。

古賀 そうです。いまの北朝鮮危機は、本当に、すごく危ない転換点となっています。

冷戦期にアメリカでも同じことが起きました。ソ連の核武装やキューバ危機が起きると、アメリカ中の役所や自治体や経済団体などが、いろいろなパンフレットを配りました。核爆弾が落ちたときに、どうやって避難するかといった、まさにいま日本がやっていることです。

それから、核爆発の恐怖の場面をテレビで放送し、「避難しましょう」とか「こうやって対応しましょう」とか、いろいろ呼びかけます。

望月 そうすると何が起きるか、想像できますね。「じゃあ、こうやって逃げればいいんだ！」という意識が高まるのではなく、何とかしてそういうことにならないようにすべきだという考えが広まります。

古賀 とはいっても、ソ連と話し合って止めるということはできないわけで、だったら、そうなる前にソ連を叩いてくれ、というようになるわけです。

簡単に独裁者になれる魔法のアイテム

(C) ぼうごなつこ /Twitter @nasukoB

【専守防衛】「専守防衛」は、戦後、戦力不保持、交戦権否認を規定する憲法九条との整合性などを考慮して、日本がとってきた戦略姿勢。「攻撃されるまで軍事行動を行わない、国外の敵地への先制攻撃つまり戦略的攻撃は行わない」など。

【敵基地攻撃能力】「敵基地攻撃能力」とは、国外から戦略兵器（敵の重要施設などを大規模攻撃するための兵器。核兵器、弾道ミサイル、戦略爆撃機などがある）による攻撃の可能性が発生したとき、個別的自衛権の範囲として、攻撃主体の根拠地を攻撃するというもの。そのため、戦略兵器の保有、運用に踏み切る可能性が生まれる。ちなみに、戦略兵器の規定は、国際慣習として、ミサイルであれば、射程五〇〇キロメートル以上の攻撃力とみなされる。

第一段階は敵基地攻撃能力

望月　「怖い」と思う人間の心理を考えると、理解できますね。いまの北朝鮮危機も、「危ない、危ない」という話だけで進めていると、どんどん戦争へと加速していくように思います。

古賀　最初は迎撃ミサイルやシェルターなど、いろいろ装備すると言っています。けれど、結局、相手は三〇〇発も装備しているから、いっぺんに飛んで来たら、どうやっても当たってしまうという認識が広まると、「だったら、もう向こうを潰すしかないじゃないか」という方向に行く可能性が高い。

その第一段階は、防御のための敵基地攻撃能力です。

望月　安倍首相は参議院本会議の代表質問で、「安全保障環境が一層厳しくなるなか、現実を踏まえてさまざまな検討をしていく責任がある」（日本経済新聞　二〇一七年一一月二二日）と述べていますね。

古賀　驚くべきことに、二〇一七年末の予算編成でも、敵基地攻撃能力を有する巡航ミサイルの導入予算が認められてしまいました。国会での議論もほとんど行われないままにです。以前だったら、こんな武器を買うことを検討すると言っただけで大騒ぎになっていたはずですが、今回はマスコミも大した批判をせず、あっという間に決まってしまった。あくまでも専守防衛の方針は変えないと政府が主張しても、一旦、敵基地攻撃能力を持てば、先に使うことも当然検討されるでしょう。

「北朝鮮がいつ撃つかわからない、怖い、怖い」という思いが蔓延したら、アメリカが「いまやるしかない、日本、一緒にやりましょう」と言ったときに、みんなで「やれ！」ということになる恐れがあるわけです。

加速する日本の軍需産業

【武器輸出三原則】 武器輸出に関する基本原則で、一九六七年佐藤内閣が表明。共産諸国，国連決議により武器の輸出が禁止されている国、国際紛争当事国またはそのおそれのある国への武器輸出は認めないというもの。その後、三木内閣でさらに拡大し、基本的に世界中のどの国に対しても武器は輸出しないことが事実上の原則となっていった。二〇一四年安倍内閣は、この原則に代わる新たな政府方針として「防衛装備移転三原則」を閣議決定。日本の安全保障に役立つなど条件を満たせば、輸出や共同開発を認めるとした。紛争当事国への移転や国連安全保障理事会決議に違反する場合は認めないとするが、それ以外の国に対しては、政府が認めれば、どこにでも輸出できる可能性を開いた。

日本軍需企業の最前線

古賀　望月さんは、日本における民間の軍需産業の最前線を、ずいぶん取材されていますよね。

望月　日本で武器や防衛装備の製造にかかわっている企業の売り上げの防衛依存度は、平均五%、トップ九社で約七%。三菱重工業でさえ一三%で、民需がメインの会社がほとんどです。

防衛産業で生きていこうとすると、すでに大きなシェアを占めている海外の軍需産業と戦わなければなりません。どうやってもトップにはなれなくて、だいたい二次か三次の下請けでいかに生きていくか、アメリカの軍事企業ロッキード・マーティンなどの欧米の超大手軍事企業の下請けを取れるかどうか、というレベルに落ち着くしかありません。

航空機エンジン一つとっても、いまの投資額とは一桁違うぐらいのお金を投資しないと、世界の軍需産業のトップレベルで戦うエンジンになれないといわれています。

古賀　確かにパイが軍需と民需では全然違いますね。民間に売れるもので稼いできたのが日本の製造業だし、そもそも軍需部門を持つ企業のなかでさえ、軍需よりも民需という前提がありました。

望月　三菱重工業のトップだって、現状ではそんなに全力でやりたいとは、はっきり言って思っていないですよ。それは、海外の大手企業の方と話してみるとよくわかります。海外の防衛企業のトップが、国外に売り込みに行くときは、みんな防弾チョッキを着て、防弾仕様車に乗っていくそうです。なぜなら、彼らはアルカイダはじめ、テロリスト集団の暗殺リストに名前が載っているから。それぐらいの覚悟でやる産業だということです。欧米の軍事企業の幹部は、「日本の三菱重工や川崎重工のトップに、そこまでして武器を売りさばいていく覚悟があるとはとても思えない」と話していました。商談をしていても、本気度が全然違うのがすぐわかってしまうと。

防空シェルターを全国に造れ

古賀　武器輸出三原則が撤廃され、彼らはいま海外に、航空機や艦船を売りに行っていますよね。

望月　日本の防衛企業の場合、武器を海外に売っていく気のなさは話していても何となくわかるし、欧米の軍事企業の意気込みと比較すると、確かに、気合もあまりありません。

ただ、もしかしてJアラートが頻繁に出るようになれば、たとえば「防空シェルターが売れるかも」と言って、「軍需産業にもっとシフトしてもいいよな」という会社が、出てくるかもしれません。

以前、イスラエルの元兵士に聞いた話を思い出します。国境沿いで、しょっちゅうロケット弾が飛び交うようになる、そうすると、自宅や自宅周辺にセットできる防空シェルターがバカ売れする状況になるそうです。

東北地域に住む住民の方の、「ミサイル発射の際、だだっ広い畑の真ん中で逃げろと言われても、どうすりゃいいのだ」といった話が報道で出ていました。これが度重なると、「一世帯に一個は防空シェルターを造れ」という話になり、防空シェルターがバカ売れし、イスラエルみたいな状況が生まれるのかなと思います。

古賀 実際に、防空シェルターは、二階俊博《にかいとしひろ》自民党幹事長が、全国に造れと言って、二〇一七年一〇月の総選挙では自民党の公約にも入りました。

Jアラート効果もあって、いまアメリカでは日本から個人向けシェルターに引き合いが殺到しているそうです。

シェルターのいいところは、全国どんなところにでも造れることです。というか、全国に造らないと不平等でしょう。造ってくださいと言われたら、造らざるを得ない。全国に

地下型核シェルターの例

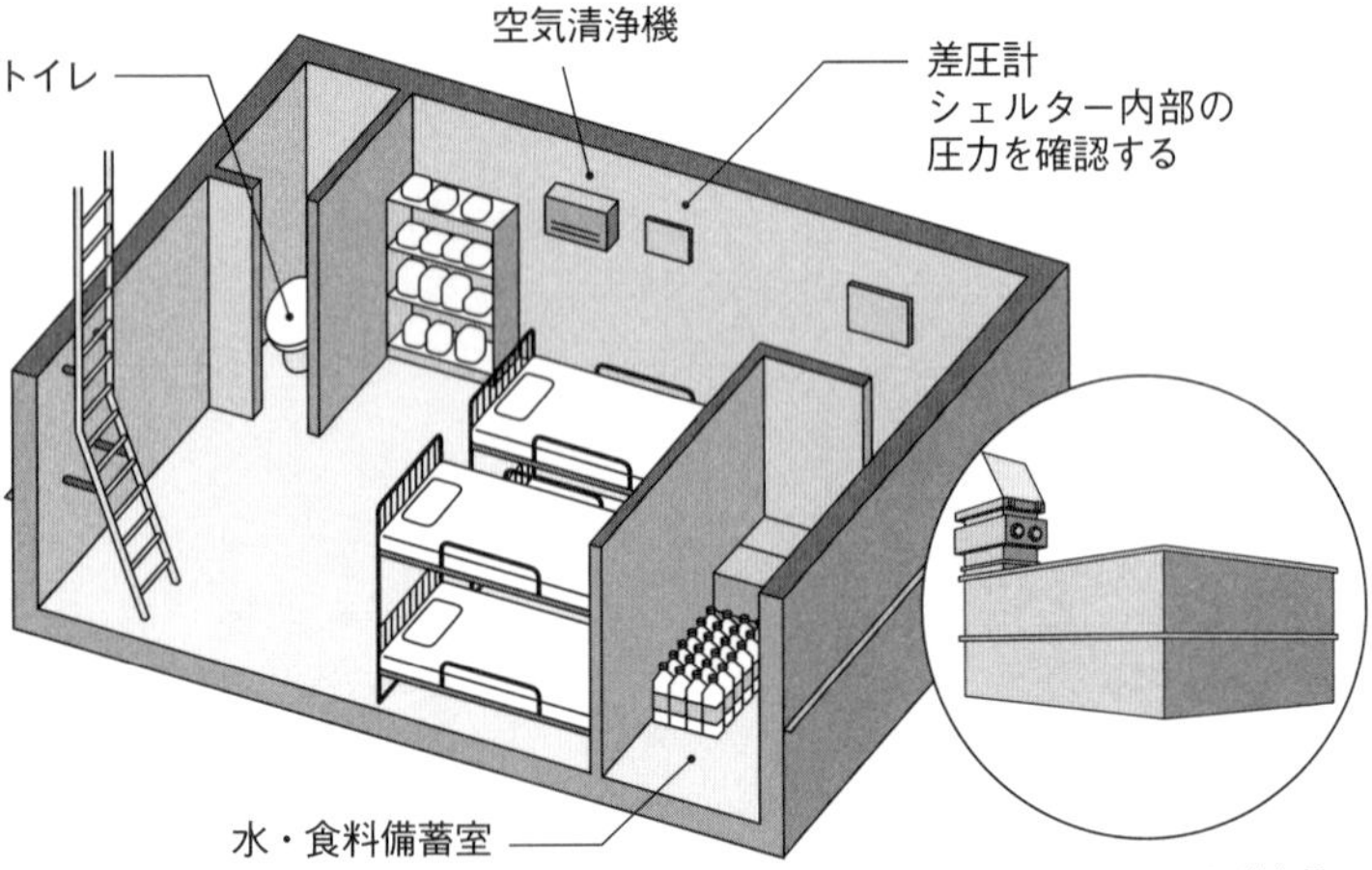

「核シェルターのイメージ図」
広さ4畳半程度の部屋の中に設置できるものから地下埋没型まで様々だ

造るとなると、ものすごい公共事業になる。毎年の予算でかなりのバラ撒きがされることになるでしょう。ある意味、さすが二階さんだなと思いました。

危機で煽られる軍需産業シフト

望月　やっぱり、危機に煽られることによって日本は儲かる産業が出てきますね。たとえば潜水艦は、オーストラリアでの落札は逃しましたが、いま、インドでの潜水艦受注にも手を挙げています。逃したオーストラリアでは、一二隻で四兆二〇〇〇億円の巨大ビジネスになるといわれていました。

アベノミクスでは「一兆円産業を海外に」と言って、新幹線や原発を、一個出せば一兆円だといわれています。オーストラリアへの潜水艦建造事業はその四倍となります。いくら「武器商人と呼ばれたくない」と言っても、潜水艦輸出産業で働いている人々には雇用が生まれて、お金も貰えて、家計と家族が潤い、消費も増えるわけです。

アメリカでは、世界最大手の軍事企業ロッキード・マーティンの社員が、自分の家の前に、星条旗と社旗を堂々と掲げていると聞きます。彼らには「自分たちこそアメリカが掲げる世界での自由、平等、博愛の精神を体現しているんだ」という自負があるそうです(笑)。なんだかなと思いますが、同時に、やはり、軍需産業によって大きな雇用と経済的利益が生まれ、その傘下の家族がぜいたくな生活を享受しているということの裏返しだと思いますけど。その先にある、名もなき市民の戦争での犠牲というのは、見えるはずなのに、敢えて見なくなっているのでしょう。遠い国の悲劇のうえに、自分たちの富が築かれているということを考えることができない。もしくはできるのに、思考を停止してしまうのかもしれません。

安倍政権が目指すのは、まさにアメリカ政府やロッキード社が進めているような、軍産複合体国家による国際的な地位の上昇と経済繁栄による大国主義なのだと思います。だからこそ日本でも、北朝鮮からのミサイル発射の事態を想定して、国防のための技術を強化しろ、避難のためのシェルターを造れという方向に進んでいるのではないでしょうか。

古賀 日本は、経済成長したいのなら、軍事なんかやっている場合じゃないですよ。特に、これからすごい人手不足というか、若い人が足りなくなるわけですよね。それなのに、いま一所懸命、大学にお金を出して軍事研究をやれと言っています。ということは、軍事研究をやる研究者が増えるということです。

それだけ人を集めるということは、他の部門が手薄になる。いま日本で一番大事なのは、IoTなど新しい分野が立ち遅れているのをどうやって挽回するか考えることなのに、現実はまるで逆行しています。

望月 軍事産業以外のことが疎かになり、どんどんダメになっていく……。

総額一九一億円のミサイル研究とは

望月　二〇一八年度の防衛省の予算要求は、過去最高で五兆二五五一億円でした。安倍政権は、おもて向き「専守防衛」を掲げながら、敵基地攻撃能力を含む新たな技術開発をしていこうとする姿勢が現れていたのか、三種類の防衛ミサイル研究開発費の一九一億円でした。

計上した三つの研究をみると、一つ目が、島嶼《とうしょ》防衛のための「高速滑空弾」の研究。これは、大気圏内でロケットを切り離し、軌道を変えながら目標を定めて、射程数百キロという、〝地上攻撃型〟のミサイルの一種です。この研究開発に、要求段階ですが、一〇〇億円を計上しています。二つ目に、対艦ミサイルの射程延長に七七億円を計上。地上だけでなく、空からも船からもミサイルを発射できる小型トマホークのようなミサイルの研究を行う。三つ目は、北朝鮮が開発を進めているとされる、核爆発を起こし強力な電磁波を発生させて、電子機器を破壊する電磁パルス（ＥＭＰ）攻撃から、国内の情報や通信システムを守るための、ＥＭＰ弾頭試作と保護技術の研究費に一四億円を要求しています。

これら三つのミサイル研究の内容をみると、実態としては、四〇〇キロ超をミサイルの射程として、北朝鮮や中国を念頭に置いたミサイル研究を進めようとしていることが明らかです。さらに問題は、これらの研究内容について、防衛省内で議論をほとんど行わずに、安倍・菅両氏が率いる官邸とＮＳＣ（国家安全保障会議）の指示で予算要求されていることです。現場の自衛官や防衛省の意向でなく、政府・官邸とＮＳＣがこの研究開発を進めることを推奨しているという事実です。国費を費やすのにＩｏＴなどの新分野よりも、むしろ軍事にウェイトを置いているという状況が続いています。

古賀　いま、日本では、経済の屋台骨が揺らぐ事態が生じています。しかし、安倍政権はそれに気がついていません。日本経済は、ついこのあいだまでは、自動車と電気が二本柱だった。ところが、三洋、シャープが破綻し、東芝もこけた。この二〇年で電気産業はほぼひん死状態です。新エネルギー技術は日本のお家芸だと思っている人が多いかもしれませんが、いまや太陽光パネルの生産では、日本企業は世界のベスト一〇にも入れません。風力も同じ。こちらもほぼ壊滅しました。そして、いま自動車が危ない。電気自動車革命に出遅れて中国企業をあと追いする状況になりそうです。

線後の日本は、軍需にはお金もエネルギーもなるべく費やさないで、民生部門で、経済、産業を伸ばしていって、それで国民生活を豊かにするという路線をずっと取ってきました。それがいま、財政も破綻寸前。産業もさまざまな面で世界に遅れをとっている。ＩｏＴやシェアリングエコノミーなどの世界では、新聞が「この分野では周回遅れだ」と最近は、もう平気で書いていますよ。

そんな状況のなかで、軍事優先に舵を切り、かつての公共事業の代わりに軍需をイメージするというのは、経済政策、産業政策として明らかに方向が間違っています。

憲法改正は必要か？

【憲法九条】〔戦争の放棄、戦力及び交戦権の否認〕

一、日本国民は、正義と秩序を基調とする国際平和を誠実に希求し、国権の発動たる戦争と、武力による威嚇又は武力の行使は、国際紛争を解決する手段としては、永久にこれを放棄する。

二、前項の目的を達するため、陸海空軍その他の戦力は、これを保持しない。国の交戦権は、これを認めない。

七〇年前から一度も「変えたことがない」憲法

望月　安倍政権は憲法改正を推し進めています。しかし、議論が深まっているとは到底思えません。その一方で、自民党の憲法改正推進本部は、憲法改正の必要を説明する漫画「ほのぼの一家の憲法改正ってなあに？」をパンフレットとして出しています。妙にソフト路線の、こうしたキャンペーンが気になります。

古賀　要するに自民党は、憲法改正の漫画で、「七〇年前から一回も変えたことがない憲法なんです」と主張しているのです。「知っていますか、七〇年前はインターネットは当然なし、電話も村に一つ」、そんな時代に作ったものを一回も変えていないという国は、日本だけです」みたいな。それから、「アメリカに無理やり作らされた憲法なんです」ということ。

望月　おじいちゃんが当時の悔しさをにじませたり、孫の若い女性が日常と比べて憲法を考え疑問を持つなど、読み手の

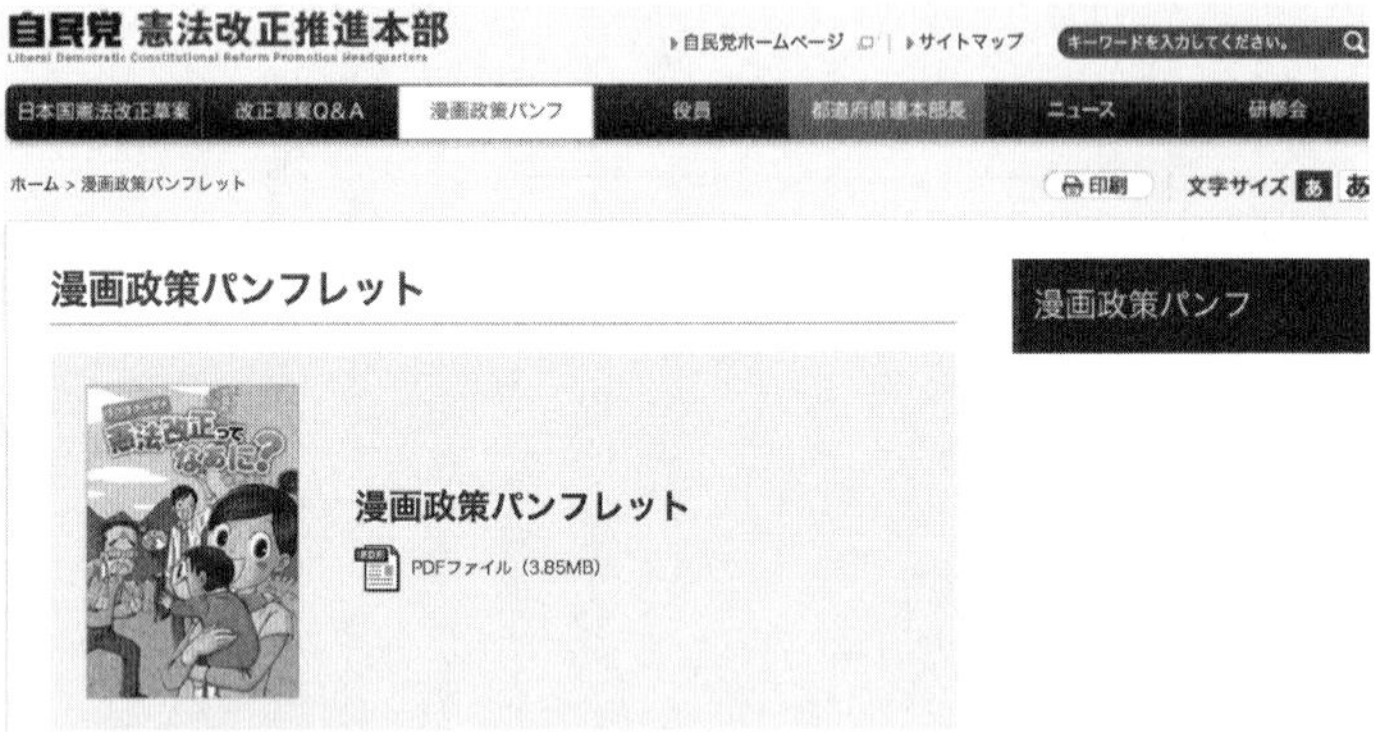

写真は自民党の憲法改正推進本部の、改憲についての漫画を紹介したHP。
http://constitution.jimin.jp/pamphlet/
憲法が作られたころを、「インターネットは当然なし、電話も村にひとつ」「あの頃から文明はずいぶん進歩した」と振り返り、「(そんな)時代の憲法で、今の社会についてこれるのかしら？」と会話が進む。そして、「日本の憲法なんだから海外から持ってこなくてもいいのに」という心情が示され、さらに「それが今の憲法で70年くらい変わってないっていうの？」「"敗戦国"日本のままってことなのか……」「いやよ、そんなの」「うちの家のルールを隣の家の人に口出しされているみたいなものじゃない！！」と、改憲の必要性を訴えている……

心情を煽ることで改憲を自然に受け入れてもらおうという作戦のようですね。

古賀　断片的なことを、一つひとつ漫画で出していくことで、たとえば、若い世代が「えっ、おじいちゃん、ほんとにそうなの？」と驚くという反応を期待しているわけです。「ケータイもネットもなかった頃に」とあって「えっ、ケータイもネットもなくて、どうやって連絡してたの？」と同じレベルの反応です。

政治家が考えたというよりも、広告代理店の発想ですね。

「自衛隊」ではなく「国際救助隊」に

望月　憲法改正の要点は九条であり、自衛隊の位置づけですが、そこも安倍政権や自民党の狙いはわかりにくいです。

古賀　わかりにくくて当然です。本音を隠している。というか、わざと勘違いされるやり方をしています。確かに自衛隊の人たちは東日本大震災のときにも、熊本の震災のときにも、命懸けで働いてくれています。その人たちの存在が憲法上、否定されているのは「かわいそうじゃないですか」という理屈です。そういう説明が一番ハードルが低いと思ったのでしょうね。

そうやっておいて、また次にいろいろな要素を加えて、憲法改正で徴兵制まで進むつもりでしょう。目標は九条だけじゃないですからね。

望月　『週刊ポスト』に、この手法は若手のきっちりした改憲派の論客から結構、非難囂々という話が載っていました。妥協の産物だから、本流の改憲派から見ると認め難い。そもそも二項も削除せずにやるのは姑息だとなります。

古賀　法律論としては、戦力を持たないという二項を残したまま、三項で「でも自衛隊を持ちます」と書くと、両項は完全に矛盾します。しかし、三項を二項の例外と位置づけて、さらに例外となる場合を限定して、「こういう限定条件で自衛隊を持ちます」と書けば問題はありません。

法律では原則と但書《ただしがき》（例外）がごく普通にあるので、三項じゃなくても、二項但書でもよいわけです。「戦力を保持しない。ただし、○○という限定のついた自衛のためならばよい」と。

憲法改正の議論もしてはいけないとか、一切変えてはいけないとか、護憲が正義ですというのは、論理的には非常に弱いものなのです。七〇年も変えたことがなくて、自衛隊があるのに、いかにもそれが違憲であるかのような書き方をしているのだから、変えてもいいでしょうと言うと、普通の人は説得されてしまいますね。

望月　自民党の漫画パンフレットは巧妙にツボを突いているわけですね。揺らぐ人の心をつかむような。

二〇一五年三月公開の内閣府の「自衛隊・防衛問題に関する世論調査」では、自衛隊に好印象を持つ回答が九二・二％になりました。これは一九六九年に調査を初めて以来、過去最高となっています。東日本大震災での献身的な救援活動などで、自衛隊の活動が国民に高く評価されたからだと思われます。これを根拠に、だから自衛隊の行うあらゆる活動は国民に支持されており、海外での自衛隊の活動を支える軍事研究についても、防衛省だけでなく、大学などの研究者も支えていくことが必要だ、という主張が、大西隆前学術会議会長はじめ、一部の学者から出てくるようになりました。

けれども、国民は自衛隊が行う活動の全般を支持しているわけではありません。国民がイメージしているのは大半が災害出動やPKOでしょう。自民党のキャンペーンもまさにそこに焦点を当てています。国民はアメリカとともに戦うという安全保障法制のなかでの自衛隊の活動までを支持しているわけではないと思います。

古賀　以前、テレビで田中康夫《たなかやすお》さんがすごく良いことを言っていました。詳しくは覚えていないですが、確か自衛隊をやめて、海外に行くときは「国際救助隊」にしろと。「自衛隊サンダーバード構想」と呼んでましたね。

望月　いいですね。災害救助隊にすればいい。名前を変えてしまう。そうしたら憲法問題はなくなります。

古賀　本当にそれをやったら、中国や韓国も、日本は本当にもう軍事大国になることはないと思うでしょう。世界中が、やはり日本は平和国家だったんだとなる。

昔は理想論、いまは現実的選択肢の九条

望月 憲法をめぐる議論では、憲法九条を拠りどころにするのは理想論としては美しいけれども、それは政治を知らない者が言うことだ、と一蹴されます。そして、机上の空論を言っていてもしようがない、現実的な選択をしなければならない、という主張が強くなっています。でも本当にそうなんでしょうか。

古賀 そう言われますが、最近は、宗教対立の戦争以外はほとんど起きていないですよ。南シナ海はありますが、中国がどこかを攻めたかというと、攻めていない。ロシアは、まあ、クリミア問題がありますけど、安倍政権は、むしろロシアとは仲良くできると考えていますよね。だから、もう少し冷静に考えないといけません。

それから、日本国憲法は前文と九条がセットになっていて、両方とも高い理想を掲げています。ここで考えなければいけないのが、憲法が制定当時は理想でしたが、いまは、非常に現実的な選択肢になってきているということです。

いまのようにグローバリゼーションが進んで、国家間がお互いに持ちつ持たれつで、経済的に非常に密接な繋がりができているなかでは、理想論ではなくて、損得論で考えると、

戦争なんか絶対損。仲良くしたほうが絶対得なのです。

そういうなかで、「俺は敵だぞ」と言っていれば、相手側も敵になりますが、そうではなくて、「日本はみんなと仲良くしたいのだ。絶対あなたとは喧嘩したくないです」と、ずっと言い続けていれば、基本的に経済関係が梃子になって戦争を抑止するわけです。そのような世界が、ようやく現実のものになってきたのです。安倍さんが敵視している中国でさえ、世界でビジネスができなくなれば生きて行けないとわかっている。だから、世界に非難されることは避けようとなる。経済的な損得が中国の横暴を止めるのに最も大きな力になっていることをしっかり認識すべきです。

もう一つ。ネットで世界中が繋がり、国家とか企業とかを超えて、個人と個人が結ばれる世界ができたことで、市民が連帯しながら平和を求めることも、より可能になっていくと思います。

望月 現実的に、いまの時勢に照らせば、きちんとした国防軍を持つべきだと仮に国内でコンセンサスができたとしても、一方で、日中関係や日韓関係における改善は進んでいきません。

第二項を残したまま、あるいは削除して、自衛隊を明記した瞬間に、私たちが一番配慮すべき中国、韓国、そして〝脅威〟となっている北朝鮮はこの状況をどう見るでしょうか。絶対に良くは見られないわけです。他国との関係性を考えたとき、戦争放棄を掲げながら、憲法上に自衛隊を明記することの矛盾から、周辺国とのハレーションが必ずや生じるで

ハダカの王様 現代版

(C) ぼうごなつこ /Twitter @nasukoB

しょう。また、三項を加えるだけに留まらず、関連する法律の変更も求められると思います。

現実的選択肢という点をみれば、今回の衆議院選挙の前に石破茂元防衛相が、「日本でも核武装を議論すべきだ」と、テレビ朝日のモーニングショーで平然と話題にしており、愕然としました。政治家が核武装について公然と話すことが増えてきたように思います。しかし、石破議員らの主張は、日本の核武装化によって周辺国との間に生まれるだろうハレーションを、まったく想定できていないのではないか、と逆に見えてしまいます。

九条改正で見落とされている重要点

古賀　九条改正については、二つの重要な点が見落とされていると思います。

一つ目は、今、望月さんが指摘された、三項を加えれば、引き続きいろいろな変更を求められるということと関連します。三項を入れると、「軍事大国を目指すことが憲法上の義務になる」ということに憲法学者も気づいていない。それは三項を入れるか入れないかという入り口の議論しか頭にないからです。三項を入れるとなれば、どんな条文になるかを考えなければなりません。自民党の改憲草案では、「国防軍」の規定のなかに、「我が国の平和と独立及び国民の安全を確保するため」という言葉が書かれています。そういう目的に限定するということになるのでしょう。つまり、自衛のためであって、他国を侵略するようなことはしないと限定したという意味です。

望月 なるほど。「限定するなら、いいかな」と思わせるわけですね。

古賀 しかし、ひとたび自衛隊をこうした目的のために置くと書いた途端に、大変なことになります。まず第一に、自衛隊を持つことが憲法上の義務になります。これまでは持たなくても良かったのに、そうではなくなるのです。さらに、自衛隊ならどんな装備でも良いということではなく、「我が国の平和と独立及び国民の安全を確保するため」という目的を達成するだけの強力な軍隊を持つことが憲法上の義務だということになります。
　すると、お隣の中国から日本を守るために、それに拮抗するだけの軍事力が必要となり、中国が軍拡を進めれば、日本もそれに負けないように軍拡に励む。それが憲法上の義務になるのです。行きつく先は核武装ということにもなりかねません。しかも、社会保障を削ってでも軍事費を拡大することが義務だとなり、国民生活が犠牲になります。三項を追加しても現状を追認するだけでなにも変わらないというのはまったくの大嘘なのです。

望月 安倍内閣は法律を変えて、集団的自衛権を行使できるようにしましたね。

古賀 実は、もう一つ見落とされている重要な問題があります。
　それは、集団的自衛権は、いまでも違憲だということです。いざ、集団的自衛権を行使して、自衛隊に出動命令を出したときに、自衛隊員が、これは違憲だから命令には従わないと言って、訴訟になる可能性があります。その場合、最高裁が、集団的自衛権は違憲だという判決を出す可能性は依然として十分にあります。なにしろ日本中の憲法学者のほとんどが集団的自衛権は違憲だと言っているのですから、最高裁がそういう判断をしてもまったくおかしくはありません。

しかし、アメリカと一緒に戦争に行くと決めたあとに、違憲判決が出たら大変です。そこで、安倍政権は、九条に三項を追加するときに、その問題の解決策も考えるはずです。たとえば、自衛隊の目的の限定のところで、「国際法上認められる自衛権の行使を目的として」というような限定を付けるというやり方があります。自衛に限ると限定するように見せかけ、しかも国際法に従うというもっともらしい形をとるのです。しかし、集団的自衛権は、国際法で認められた権利です。したがって、これを発動しても違憲ではないということになるのです。

安倍政権が九条三項追加になぜこだわるのか、そして、なぜそれを急ぐのかという最大の理由は、実はここにあるのではないかと思います。

武装宣言は正気の沙汰か？

望月　日本国憲法制定時の首相、幣原《しではら》喜《き》重郎《じゅうろう》さんが晩年、最後に秘書官で代議士だった平野《ひらの》三《さぶ》郎《ろう》さんに語った言葉が、『日本国憲法　9条に込められた魂』(鉄筆文庫)に短くまとめられていて、読んですごく感動しました。

幣原さんが、太平洋戦争に入っていった日本の歴史的経緯も含めて、すごくいろいろなことを考え、最後に行き着いたのが非武装宣言でした。従来の観念からすればまったく正気の沙汰ではありません。

「だが、いまでは、正気の沙汰とは何かということである。武装宣言が正気の沙汰か。それこそ狂気の沙汰だという結論は、考えに考え抜いた結果もう出ている。要するに、世界はいま一人の狂人を必要としているということだ。何人か、自ら買って出て狂人とならない限り、世界は軍拡競争の蟻地獄から抜け出すことはできない。これは素晴らしい狂人である。世界史の扉を開く狂人である。その歴史的使命を日本が果たすのだ」

『日本国憲法　9条に込められた魂』
(鉄筆文庫)

戦争に明け暮れた直後ということも大きな要素ですが、それでも、当時、世界の常識、日本の常識から考えて、非武装を宣言するのは熟慮に熟慮を重ねたうえでの、ものすごい覚悟と信念なしではなしえないことだったと思います。しかし、幣原首相のような覚悟と信念を、政治家や国民が持ち続けなければ、世界の平和も日本の平和も決して訪れることがないのは自明の理です。

幣原喜重郎

一八七二年生まれの外交官、政治家。大正から昭和にかけて、憲政会・民政党による加藤高明《かとうたかあき》内閣、第一次若槻礼次郎内閣、浜口雄幸《はまぐちおさち》内閣、第二次若槻礼次郎《わかつきれいじろう》内閣の外務大臣を務める。国際協調路線に則った外交方針で「幣原外交」と呼ばれる。一九二八年にはパリ不戦条約の締結会議に全権大使として参加、調印する。三〇年のロンドン海軍軍縮条約締結に対する国内の反発、翌三一年の満州事変を収束できなかったことで、若槻内閣が倒れ、一線を退く。終戦後の四五年一〇月、首相就任。在任中、憲法改正に携わり、マッカーサーとの会談で、平和主義を自ら提案したと、のちに主張。日本国憲法の戦争放棄は、幣原が調印したパリ不戦条約の考えをそのまま使ったものといわれる。

安倍首相が目指す美しい国

北朝鮮危機はこうやって使え

望月　安倍政権は、やはり北朝鮮危機を梃子に日本を変えようとしていますね。

古賀　危機を二つの意味で利用していて、一つは、森友問題、加計問題の追及が、これから特別国会（二〇一七年一一月）で始まるというときに、「いや、そんなことをやっている場合ですか。そんなことを言っているから野党はダメなのだ。もっとちゃんと、重要な安全保障の問題を国会で議論しましょうよ。予算委員会はいくらでも開くけれども、モリ・カケなんてくだらないことはやめてくださいよ」という牽制球として使った。世論にも、そういうことをうまく伝えましたね。その結果、森友・加計問題の説明に納得している国民は少ないのに、一方でそればかりやってるのもね、という雰囲気づくりにある程度成功したように見えます。

もう一つは、長期的な軍拡路線に持っていくということです。元々はハト派だった人でも、「北朝鮮に攻撃されるけど、何もしなくていいの？」と問いかけられると、「確かに、もう少し自衛隊を強くしないといけないかも」と変わっていく。

望月 月一回は何か行動を起こしますし……。

そして、敵基地攻撃能力の議論でも、五月には産経新聞に「巡航ミサイルトマホーク（米国製）の導入検討へ」と出ています。こういう記事はこの機に乗じて、導入したがっている防衛族などが書かせているのではと推測していましたが、現実的に小野寺防衛相が巡航ミサイル導入を、二〇一七年一二月に発表しました。五月に産経の記事が出た直後、防衛装備庁を取材しましたが、幹部はみな「トマホークの導入などあり得ない」と大否定していました。トマホークを入れて儲かるのはアメリカです。アメリカがこういうことを国会安全保障会議（NSC）メンバーに、仕掛けているのではと想像します。

古賀 報道を北朝鮮一色にしたいのだろうけれど、森友・加計も「両方やれよ」と言いたいですね。

望月 すり替えですからね。

「軍事列強のリーダーになりたい」安倍首相

望月 安倍さんの最終目標は何なのでしょうか。

古賀　私は、改憲が安倍政権の最終目標だとは思っていません。日本の国をつくり変えること。平和国家から軍事国家、それも、世界で一番ではないけれど、西側ではアメリカに次ぐくらいの強力な軍事国家、私は列強と言っていますが、その列強のリーダーに自分がなるというのが安倍さんの最終目標だと思います。米英仏と並ぶ軍事列強のリーダー。その夢の実現のために何が必要かということを考えると、いまやっていることがすべてきれいに理解できると思います。

望月　第二の明治政府をつくろうということですか。

古賀　二〇一五年の通常国会の施政方針演説が、それを物語っています。

第一八九回国会での安倍首相施政方針演説

「……明治国家の礎を築いた岩倉具視《いわくらともみ》は、近代化が進んだ欧米列強の姿を目の当たりにした後、このように述べています。『日本は小さい国かもしれないが、国民みんなが心を一つにして、国力を盛んにするならば、世界で活躍する国になることも決して困難ではない。』明治の日本人に出来て、今の日本人に出来ない訳はありません。今こそ、国民と共に、この道を、前に向かって、再び歩み出す時です。皆さん、『戦後以来の大改革』に、力強く踏み出そうではありませんか」

（首相官邸ＨＰより抜粋）

安倍さんは、岩倉具視の言葉を引用して、明治の人たちは、江戸時代に遅れてしまった日本を、そこから一所懸命がんばって世界の列強と並ぶところまでもってきた。それをすごく礼賛して、明治の人たちにできて、いまの私たちにできないはずはないと、そう言ったのです。それを聞いた瞬間に、これは大失言だと思いました。本当は日本の新聞が一面で批判すべき話です。

私は、その前年の二〇一四年に『国家の暴走』を書いて、そのなかで安倍政権というのは列強を目指していると指摘したら、なぜそんな大袈裟なことを言うのだと批判されました。だけど、ほらみろと言いたい。

余談ですが、あの所信表明のあとに経産省OBの長谷川榮一《はせがわえいいち》・内閣広報官が、私にどうしても会いたいと言ってきました。たぶん、私を懐柔しようとしたんでしょうね。「海外の大学で活躍したくないか」と持ちかけてきました。そのときに、私はこの安倍発言を取り上げて、「あれは、とんでもない失敗じゃないですか」と言ったら、確かにちょっと失敗したというニュアンスのことを言っていましたよ。

富国強兵、第二の明治政府を⁉

古賀　安倍さんが日本人を鼓舞して、「大変なときだけど、がんばろう！」と言うのはべつにいいわけです。一国のリーダーは必ずそう言わないといけないけれども、その例示が、明治の「列強を目指していた日本」というのはどうかしてると思います。そのときは日清・日露戦争、第一次世界大戦と、全部戦勝国の立場になり繁栄していきましたが、そんな日本が迎えた結末はどうだったでしょうか？　結局、太平洋戦争で日本はめちゃくちゃになり、その大失敗を深く反省していたはずです。

そんな大失敗例を礼賛すべきではない。もし日本人が努力してがんばる民族だという例に挙げるとしたら、戦後の廃墟から立ち上がって、七〇年間、一度も戦争をせずに、これだけ国民生活を豊かにできたということです。それを例に挙げて、「いまは大変だけど、もう一回がんばりましょうよ」と言えば良いのです。

望月　なぜ、明治礼賛へと行くんですかね。

古賀　根底に流れているものが富国強兵だからです。軍事的な力を持った、強い日本。それが安倍さんの考える、素晴らしい国日本、美しい国日本ということです。

それをやるためには、もちろん憲法改正も必要。憲法改正はいま九条だけを言っているけれども、自民党の改憲案では、基本的人権のところも変えます。戦争をするためには、特定秘密保護法も必要だし、国家安全保障会議も必要だし、共謀罪も必要だし、となります。

武器輸出は解禁され、弾道ミサイル保有も認められ、さらには核武装も議論として出てきました。徴兵制が出てくるのも、時間の問題だと思います。

望月 安倍さんは本当に戦争をやるつもりなんでしょうか。

古賀 戦争をやりたいわけではないですよ。安倍さんはたぶん、トランプ大統領と並ぶ世界のリーダーになりたいと思っているわけです。

いままで日本は経済大国だけど、政治は三流と言われて、国連でもリーダーとして活躍したことがないし、安全保障理事会の常任理事国に入りたいという悲願もあります。そのためには、日本の自衛隊がどんどん外に出ていって世界に貢献していかないといけない。それはべつに戦争がしたいということではないけれども、みんながやるときには先頭に立って、引っ張っていかなければいけない。そして、何よりも、世界最大の列強国アメリカの大統領に認められたい。そういう思いがあるのでしょう。

だから、「戦争はできないです」なんて、絶対に言えないんです。アメリカに対して、「命懸けでやります」と言えなければ認めてもらえないと思っているのでしょう。

望月 核武装の議論を、口にすること自体が憚られる空気は、いまはもうありません。以前から言われていたことではありますが、「戦争」ということが、かなりリアルになってきました。昔はあった戦争に対するアレルギーも、なくなってきつつあるように感じます。

古賀 やはり、戦争から時間が経ったということでしょう。体験ではなくて、歴史になってしまいました。いまの二〇歳は一九九七年生まれでしょう。私は昭和三〇年、一九五五年生まれで、考えてみれば戦後一〇年ですからね。その自分から見ても、第二次世界大戦はそんなに身近ではなかった。いまの若い人から見たら、歴史上の話。そういうことが、あったらしい。本で読んだことがあるけどという世界です。

そう考えると、八〇年代、九〇年代に、ジャパン・アズ・ナンバーワンと言われていた時代があったというのも歴史になりつつあります。

若い人にとっては、べつに、そこから落ち込んだという意識はないですよね。自分たちが物心ついたときには、日本というのはこんな国だった。なぜそうなったのかとは考えないですよ。いま、日本が進むべき道を世代を超えて真剣に考え直さなければならない時期が到来した。いま、あらためて強く思います。

PART 5

私たちにできること

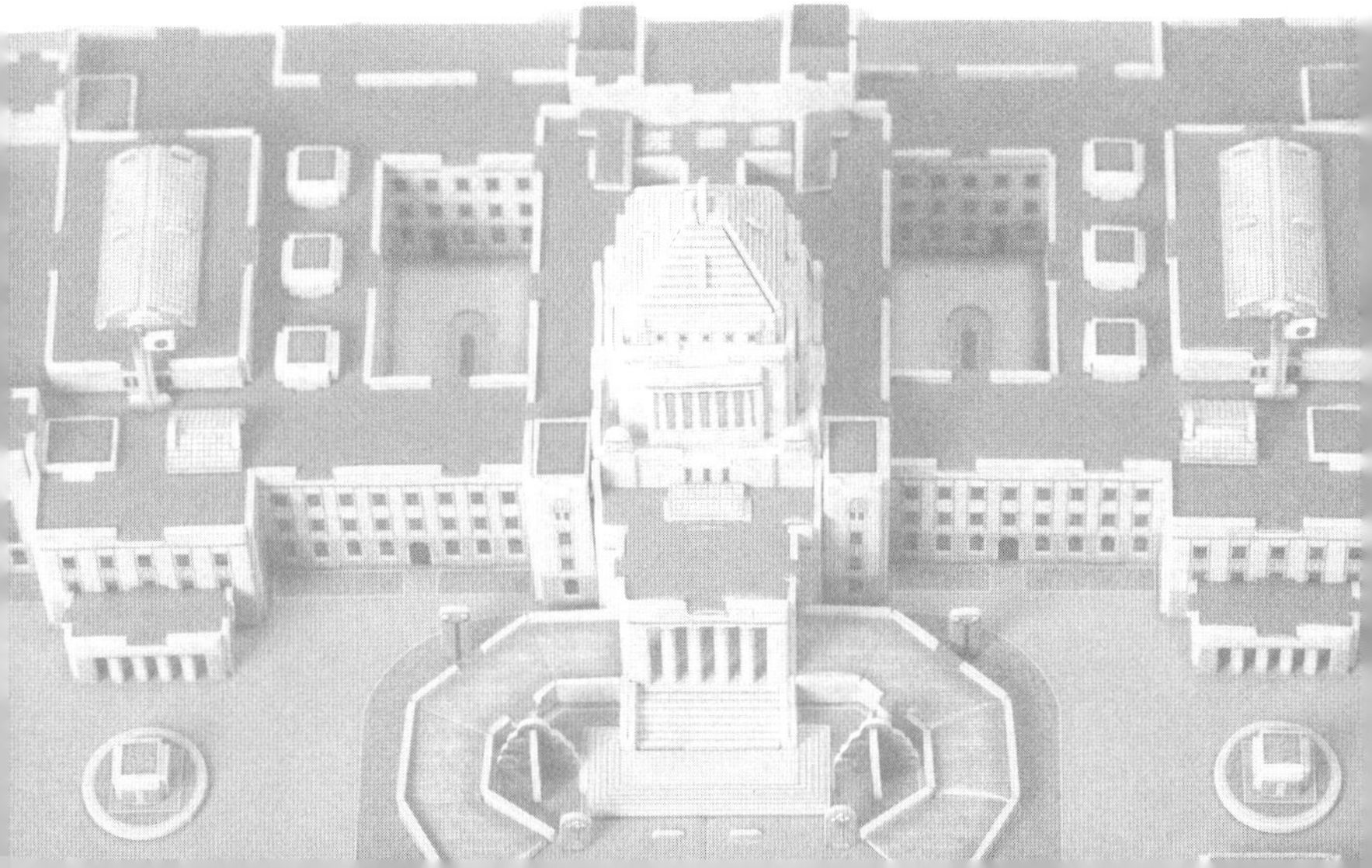

侮れない世論の力

——日本の政治がアメリカの不利になるとき、不利にしようとする人物をアメリカは潰してきた、という陰謀論。本当にあるのでしょうか?

アメリカが気にする日本の世論

古賀 CIA（Central Intelligence Agency）などが、必ずそのように動いてきた歴史があるからでしょうね。実のところ、その話は本当である可能性は充分あります。でも、一つはっきり言えるのは、アメリカが日本を潰すことはできないということです。仮に、アメリカが本当にそうした行動を極秘に行って、それで日本が大混乱に陥ったとしても、それでも、アメリカが日本を占領することはできない。

望月 「（日本を）潰す」というのは、結局のところ、政権を潰すということしかないですよね。

古賀 政権というのは国民がつくるものだから、その政権が潰れても、また国民が別の政権をつくればいい。政府の人間が変わっても、国民を入れ替えることはできない。そういう意味で、アメリカが絶対に戦えない相手というのは、日本の国民。だから、アメリカが一番恐れているのは、日本の世論がアメリカは嫌いだと言いだすことです。

アメリカは、常に日本の世論を気にしていますね。

望月 安倍政権は支持率が低下すると、官房長官会見や国会答弁での強気ぶりはトーンダウンして、言うことも急に変わります。私たちの意見、つまり世論は、案外力を持っていることを自覚すべきかもしれません。「どうせ、自民が絶対安定多数だから……」と諦めるのではなく、いろいろなところで声をあげていくことも、いまのような状況では大切だと思います。新聞社も、電話やメールやハガキで届く読者からの声をとても気にしているんですよ。読者の声があってこそ、新聞は成り立っているので、一人ひとりの読者の方々の意見というのは、みなさんが思っている以上に影響力が大きい。私がいまも官邸の会見に出られている理由の一つは会社の理解があることですが、それと同時に、読者の方々の声援も大きいですね。それと同じことが政治にも言えます。政治家は、国民の一票一票なしには、政治家たり得ないわけですから。

古賀 日本政府にアメリカの思うとおり、いろいろなことをやらせたいけれども、アメリカがそう動いていることを日本国民にいかにして気づかせないか……。アメリカは、それに腐心しています。

グアムへの移転を引き留めた日本の防衛省

望月　米軍基地問題がそうですよね。「アメリカは、グアムへの基地移転が話し合われた際、米軍自体は沖縄から出てもいいと思っている。引き留めたのは、米軍でなく日本の防衛省です」と米国関係者が言っていました。基地にはさまざまな防衛利権があり、結局、日本政府は「いてください」ということになり、グアムへの移転は極めて限定的な枠内に留まりました。

古賀　たとえば、私は経済省時代に日米構造協議などを担当していましたが、交渉の場でアメリカがいろいろな要求を出すわけです。そのとき必ず言うのは、「こうやると、日本国民にすごく得ですよ」ということ。「これで消費者は得をしますよ」とか、そんな言い方で、数百兆単位の公共事業をやらせています。アメリカは「いや、そうしたら、きっと日本にいいですよと言っているだけです。我々がやれと言っているのではなくて、すべては日本が決めることです」と常に言うわけですが、裏では「絶対にやれよ」と。

望月　経産省の幹部などと話をしていると、だれもが「アメリカと共にやるしか道はない」というある種の諦めを持っているような印象を受けます。アメリカ国防総省とやりとりを続けていると、その技術も含んだ軍事力の凄さに圧倒されてしまうというか……。反発を感じても、反発できない。従うしかないのだ、という諦めのうえで選択しているという感じがします。古賀さんは、反米と思われるようなことをハッキリ口にされますよね。経産省にいるときから、そういう感じだったんですか?

古賀 反米じゃなくて、是々非々でしたね。私は、アメリカを利用して、いろいろなことを変えたいと考えていました。結構、いいことを言ってくるんですよ。でも日本の官僚も政治家も、規制緩和に繋がることには徹底的に抵抗するわけです。情報公開法とか行政手続法は、もちろん、いずれはできるものだったとは思いますが、アメリカが言ったから日本はそれに押されて制定が早まったという面があります。それまではなかったんですよ。日米協議の会議では、私は日本側に座っているのに、「いいんじゃないですか、そのほうが。日本のためですよね」と、アメリカ側に立つこともありました(笑)。そうしたら、当時のモンデール駐日大使から、こいつは使えるということで、アメリカへの一カ月のご招待というのが来ました。日米で打々発止やっている戦いの現場の最前線にいる立場で、これはまずいと、泣く泣く断りました。手紙だけは大事に取ってありますけどね(笑)。でも、そのとき思いました。こうやって、アメリカは、自分たちの子分を日本国内につくっていくんだな、と。

世界のなかでの日本の位置

景気・雇用の改善は安倍政権のおかげではない

望月　安倍首相は、二〇一七年九月二五日の解散表明の記者会見で、「三本の矢を放つことで日本経済の停滞を打破し、マイナスからプラス成長へと大きく転換することができました。いま、日本経済は一一年ぶりとなる6四半期連続のプラス成長」と語り、アベノミクスの成功を強調しました。衆院選の大勝を受けて株価は二万円台を維持。第二次安倍政権発足時には、約一万二三〇〇円だった株価が約二倍になるなど、安倍政権になって経済が上向きになったと考える人たちもいます。二〇代以下と三〇代は、他の世代に比べて自民党支持率が高い傾向を示していることが、よくニュースにもなっています。若者世代の支持の理由のひとつが、「安倍政権で景気や雇用が改善した」というもの。「安倍さんが変えてくれた」と感じている若者も多いようです。

古賀　安倍さんが変えていると、騙されているわけです。マスコミも同じで、本当に安倍政権による成果だと思っている人が非常に多いように思います。

確かに失業率も下がっているし、賃金も少しずつ上がり始めた。ただ、実質賃金で見れば安倍政権誕生前に比べてまだまだ大幅マイナスですよ。最近でも二〇一七年は九月までは実質賃金が前年に比べてずっとプラスマイナスゼロか数カ月は逆にマイナスでした。一〇月にやっとプラスで、要するにまったく上がってない。日経などは「一〇カ月ぶりプラス！」と伝えてましたね。プラスのときは大きく伝えるんですよ。

世界のモノサシで日本を見よ！

古賀 目を真実に向けてもらうためには、私は、日本からではなく、世界という尺度で物事を見て欲しいと思っています。同じことが、まったく違って見えます。あらゆる数字が物語ってくれます。

望月 日本の二〇一六年のＧＤＰ（Gross Domestic Product）は四兆九三八六億ドルで、世界三位。第一位はアメリカの一八兆五六九一億ドル、第二位が中国で一一兆二一八二億ドルとなっています。

古賀 ここで「やっぱり、日本は経済大国だ」と安心してはいけません。ついこの前中国に抜かれたと思っていたら、いまや、日本は中国の半分もないんですよ。国民の豊かさの代表的指標である「一人当たり」のGDPを見ると、二〇一六年に日本は先進国では下の方の第二二位。ちなみに、第一位はルクセンブルク、アメリカは第八位、シンガポール第一〇位、韓国は第二九位、中国は第七五位です。国民一人ひとりの豊かさを語る数字としては、一人当たりを見る方が良いのは明らかです。「一人当たり」の日本のGDPは、一九九〇年代はずっと順位一桁をキープしていて、二〇〇〇年はルクセンブルクに次いで第二位だったこともあることを考えると、かなり下がってきているわけです。

それから、一番若者が喜んでいる、最低賃金が上がってきたという点。前章でも触れましたが、東京の最低賃金

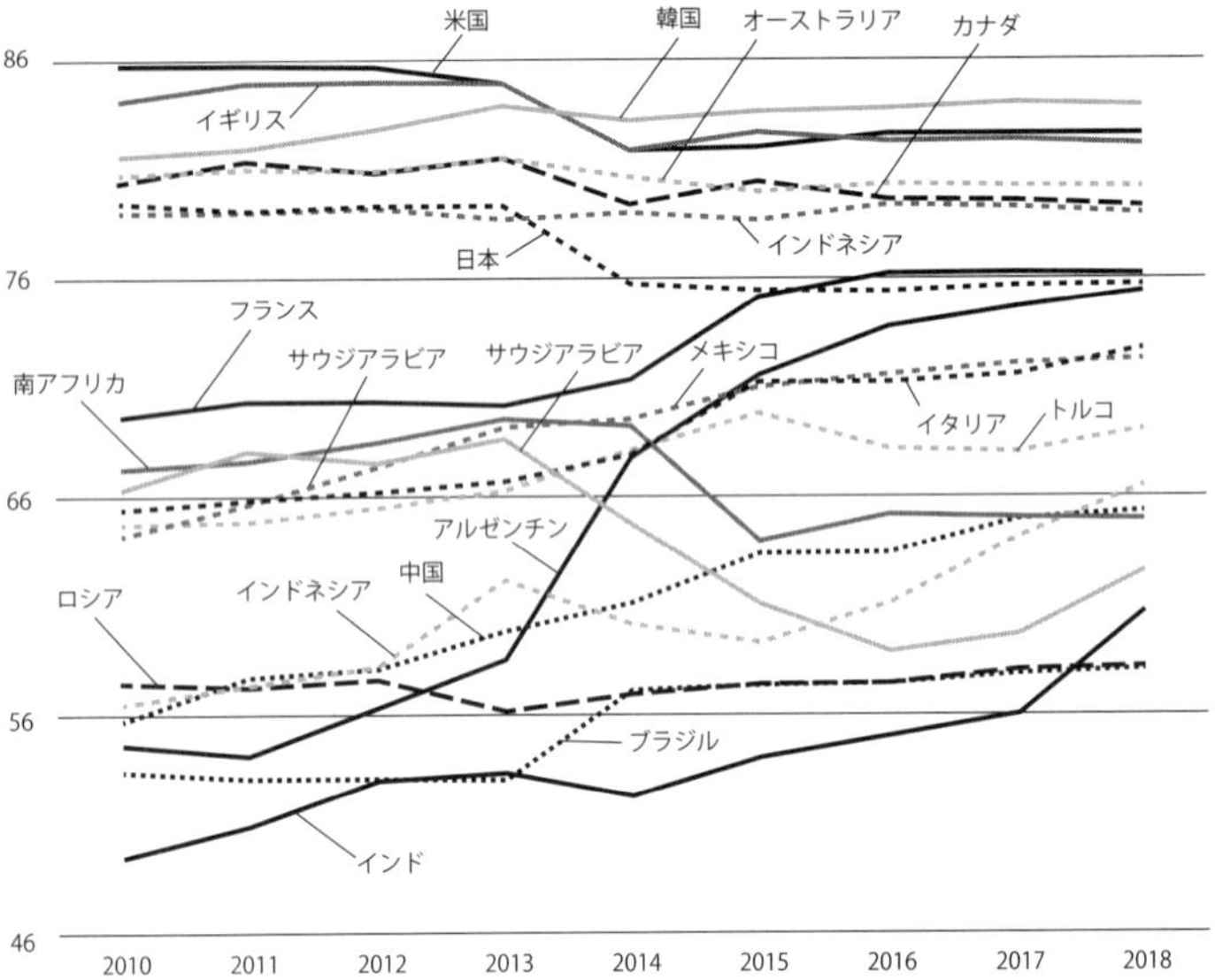

IMF統計に基づくG20 各国人口一人当たり名目GDP国際比較統計から、2005年〜2016年までの変化。単位は米ドル。2017年10月12日現在。出典／ IMF

は九五八円（二〇一七年一〇月一日現在）です。経済財政諮問会議で、一〇〇〇円にするということが話題になりましたが、アメリカでは二〇一八年までに州ではニューヨークなどが、都市ではサンフランシスコやシアトルが一五ドルに引き上げるそうです。日本円にすると約一七〇〇円（一ドル＝一一三円で計算）。東京もサンフランシスコも、国内では元気が良い都市ですが、サンフランシスコでは二〇一七年でも一四ドル、一一三円で換算して一五八二円。「東京はその六割ぐらいの九五八円です、と言うと、「えっ、そんなに安いの？」」という話になるわけですよ。

生活水準がネパール並に下がる!?

望月　こういうことになったのは、やはり企業の問題ですか？

古賀　そうですね。一つには、為替レートで円安になっていることがあります。円安というのは、日本のものがすべて海外から見ると安くなるということですよね。だからＧＤＰも賃金も小さな額になるということです。

でも、実は、それと企業の競争力の話が密接に絡んでいるんですよ。日本の企業はずっとコスト競争でやってきました。一方、アメリカは、アマゾン、グーグル、アップルなど、自分が独走できる新しい世界を切り開いてきました。ある意味、競争のない状態を作ることで、働いている人の給料を高くすることを可能にしてきたのです。ドイツでは、同じ自動車をつくるのでも、ベンツ、ＢＭＷ、アウディと高級車に力を入れた。ベンツがつくると小型車もべらぼうに高い。世界はそういう競争をしているのに、日本はずっといままでと同じようなモノを、同じ手法でやるわけですから、トヨタがつくるとレクサスでもやっぱり割安となる。そういう競争では、どんどん途上国に追い上げられる。新しいビジネスをつくる能力を持った経営者がまったくいないので、結局コストを下げて競争するしかない。そうすると、「中国や韓国が追い上げてくるから、給料を下げよう」となり、派遣や請負を使い、努力して下げる。それで一息ついても、すぐまた追いつかれる。これ以上、下げられず、どうしようもなくなり円安にした。ドル換算で見たら、日本の労働者の給料は一気に三割以上安くなったわけです。それで大企業の競争力は何とか確実に上がった。

でも、それをやっても、まだ、どんどん追いかけられる……。これを続けていくと、結局、日本人の生活水準をネパールぐらいにまで下げていかないと競争できないということになるわけです。日本はその道を一所懸命進んでいるのです。

ビジネス環境ランキング

望月　日本を世界と比較するモノサシには、他にどんなものがありますか？

世界約190カ国のうち、G20各国の2010年～2018年のランキング変遷。事業設立や建設許可取得、不動産登記の容易性、納税や貿易環境、破綻処理ほかの項目などの総合スコアによる。単位はpts。2017年11月1日現在。出典／世界銀行

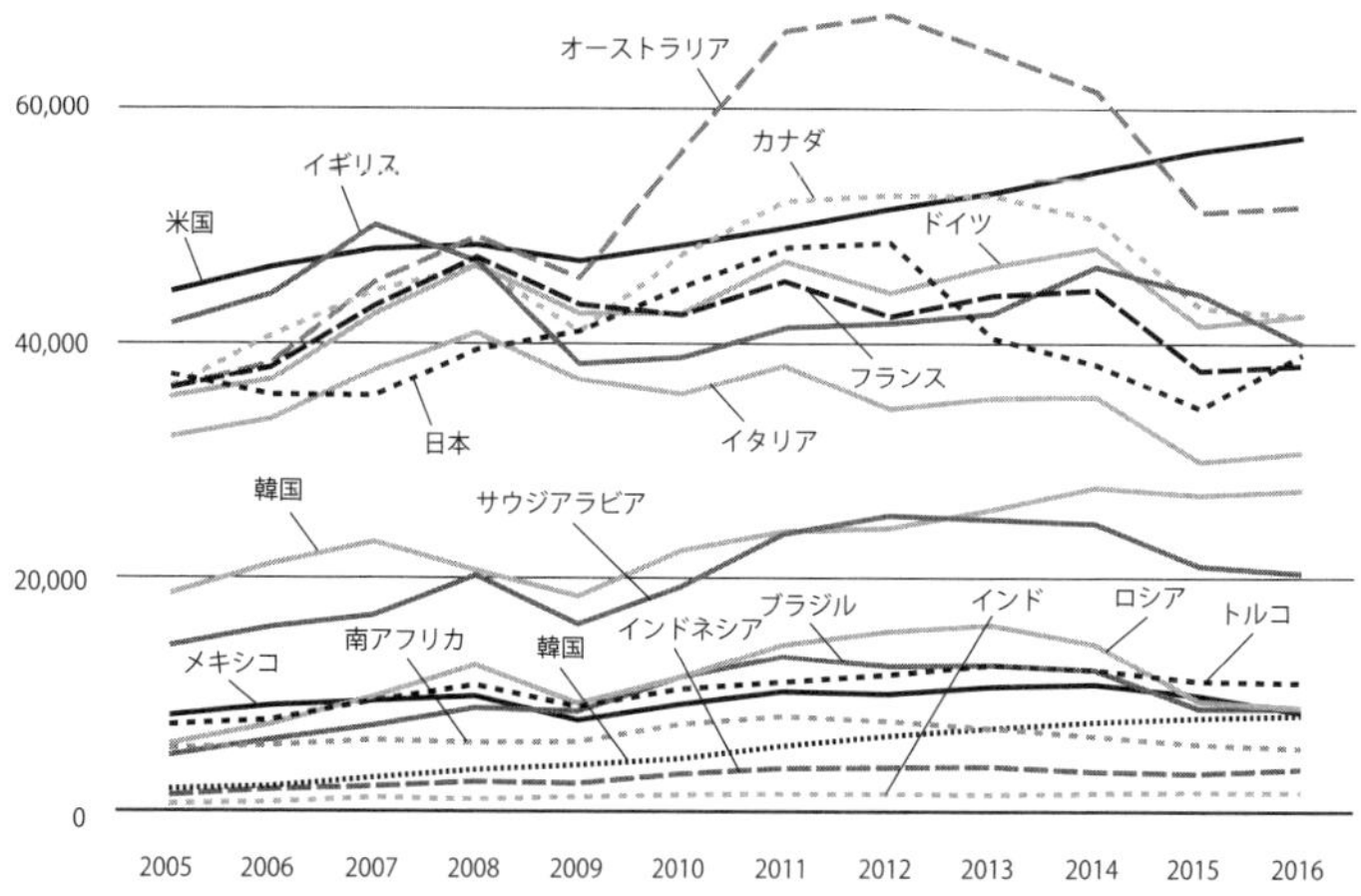

古賀　世界銀行が出している「ビジネス環境ランキング」も注目して欲しいですね。これは、世界約一九〇カ国において、ビジネス活動における制度的環境を比較評価したものです。「ビジネスのしやすさ」というわけです。安倍政権では二〇一三年にまとめた成長戦略において、このランキングで先進国で世界第三位以内を目指すと具体的な目標まであげていました。

　二〇一七年一〇月に発表された「二〇一八年ランキング」で日本は第三四位、ＯＥＣＤ（経済協力開発機構）高所得国（すなわち先進国）に限定しても第二三位です。アジアのシンガポールは日本が絶対に追いつけない二位、韓国は第四位、香港が第五位です。

アメリカは第六位。ロシアが去年（二〇一六年発表の二〇一七年ランキング）第五〇位まで迫ってきたと思っていたら、二〇一八年ランキングではすでに三五位です。そのぐらい、日本は起業がしにくい。しかも、日本は、二〇一三年と二〇一四年は第一五位、二〇一五年は第一九位と、安倍政権になってから上がるどころか、下がっています。いかにアベノミクスが役にたっていないかがわかりますよね。

他には、イギリスの高等教育専門誌が毎年、発表する「THE世界大学ランキング」。二〇一八年版が二〇一七年秋に発表されましたが、一四五七校のうち日本は東京大学が第四六位、京都大学が第七四位。アメリカはベスト一〇に七校も入っていますが、日本は一〇〇位以内に入っているのは、先の二校だけです。しかも、アジアでは中国、香港、シンガポールの大学の方が東大よりも上に行ってしまいました。東大はアジアでやっと第七位で、下がるばかりです。世界で活躍したいなら、東大なんかやめて北京大学かシンガポール大学に行った方がいいという悲しい状況なんです。日本の将来を担うのは若者。そのレベルを決めて行くのが教育。その教育で世界に負けているということは、日本の将来は暗いということになってしまいますね。

望月　菅さんがよく官邸会見で、失業率の改善について「民主党政権時には、全県で雇用率が一・〇を超えているところが四六都道府県中、二つしかなかったのに、現在では四六都道府県全部だ」とよく繰り返しています。最近読んだ『アベノミクスによろしく』（明石順

「THE 世界大学ランキング　ベスト 10」			
2018 年の順位	2017 年の順位	大学名	国
1	1	オックスフォード大学	イギリス
2	4	ケンブリッジ大学	イギリス
3	2	カリフォルニア大学	アメリカ
3	3	スタンフォード大学	アメリカ
5	5	マサチューセッツ工科大学	アメリカ
6	6	ハーバード大学	アメリカ
7	7	プリンストン大学	アメリカ
8	8	インペリアル・カレッジ・ロンドン	イギリス
9	＝10	シカゴ大学	アメリカ
＝10	9	スイス連邦工科大学チューリヒ校	スイス
＝10	13	ペンシルバニア大学	アメリカ
46	39	東京大学	日本
＝74	＝91	京都大学	日本
＝201 ～ 250	＝251 ～ 300	大阪大学	日本
＝201 ～ 250	＝201 ～ 250	東北大学	日本

イギリスの高等教育専門誌『THE (Times Higher Education)』が秋に発表、2018年で14回目となる大学ランキング。1457校が登録、81カ国1102校（前回は980校）の順位。「THE ランキング日本版」2018年では、東京大学は国内第１位、第２位は東北大学、第３位は京都大学、大阪大学は第６位

平著／インターナショナル新書）という本では、雇用の改善は民主党政権時代からの大きな流れであり、アベノミクスとは関係ないことが看破されていて驚きました。雇用改善の要因を、大きく三つにまとめています。

①日本は生産年齢人口が減っていく傾向にある。
②正規雇用が非正規雇用に置き換えられることにより、雇用をたくさん必要とする雇用構造に変化している。
③高齢化の影響で、医療福祉分野の需要が伸びている。

というわけで、アベノミクスが引き起こしている円安と雇用改善は関係がないというのです。失業率が下がった、有効求人倍率が上がったという点に注目すれば、一見、景気回復が進んだように見えますが、実際は、住んでいる地域をみるとわかるように、少子化が進み、若年層の働き手がいなくなっており、外国人労働者が溢れています。雇用が改善したというより、若者の働き手がいなくなっているという状況が生まれているだけではと感じます。また、非正規社員の数は年々上昇しています。結局、日本の教育や経済の状況というのは、ちっとも好転していない。古賀さんのお話を聞くと、むしろ世界標準で見たら悪くなっているのではないか。そういう気がしてなりません。

望月流アドバイス

真実を探究する方法

――森友問題でもそうでしたが、「言った」「言わない」「記憶にない」など、みんなが、口々にいろいろな主張をして、何が本当なのかが問われました。真実を見極めるために、大切なこととは何でしょうか？

①冷静に、証拠について考える

望月　人の見方や価値観はその時々の状況に応じて、どんどん変わっていくものだと思います。ですから、真実を見極めるために最も重要なものは、客観的な証拠やメモ、音声記録などに尽きるのではないでしょうか。人の記憶はうつろいやすい、都合よく取捨選択して記憶に留めてしまうことも多々あります。なので、当時のメモや日記などはとても重要です。官僚はそういう意味では、確実に彼らの仕事や足取りを記録に残している人たち。それは森友学園や加計学園の取材を通じて感じてはいるのですが、同時に、彼らが残しているだろう記録を「ない、ない」と言い張っている、言い張らせているいまの政府、政治の在り方には大いに疑問を感じます。

　最近はネットなどで情報が氾濫していて、フェイクニュースも巧妙になっています。そんななかで、一次情報に接することができない一般の人たちが「情報を正しく読む」ことは、難しいことなのかもしれません。もちろん、私たち記者だって同じようなものです。いかに一次情報を持っている人達に接触し、取材するか。そこが常に問われていると思います。

　私は社会部の記者として事件を担当していたときに、多くの裁判を傍聴しました。裁判とはある意味、「どちらが正しいことを言っているのか」の闘いです。被告人は皆、自分に都合のよいことしか

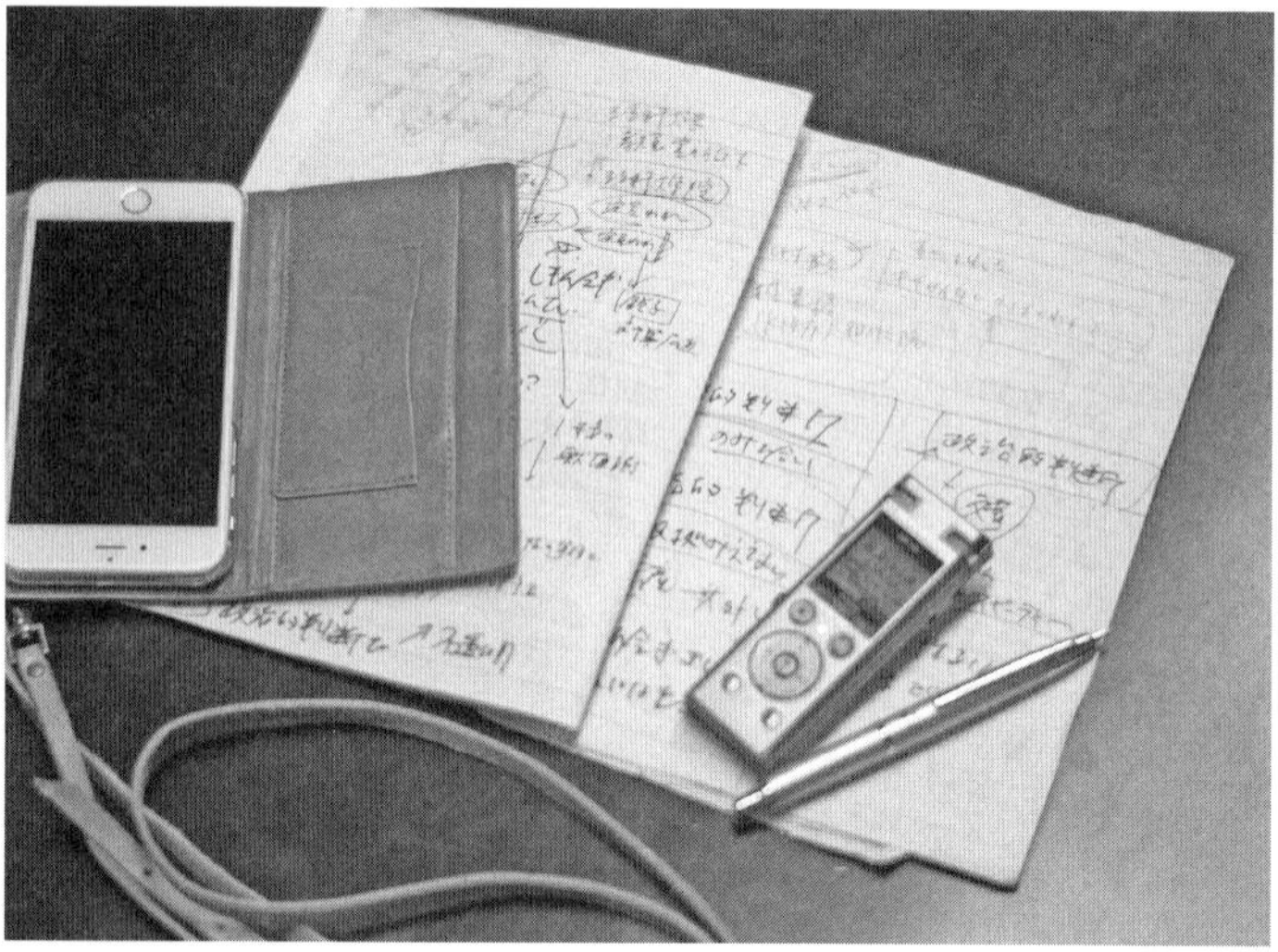

望月記者の取材道具は意外とシンプルだ　©Yoshiro Sasaki 2018

言わないということが常にあります。「言った」「言わない」の世界になってしまうと、どちらが正しいのか、嘘をついているのか、判断がどうしようもなくなることがよくありました。

そんなときに、何を基準にしたらいいのかといえば、「証拠があるかないか」だと思います。行政文書でもメモでも、主張を支える物的な資料、それがどれだけあるかです。私の仕事も、これが非常に重要です。森友問題のとき、佐川宣寿さんは「私は記憶がないです」と言っているだけで、本人の主張を下支えするような当時のメモや文書がまったく示されませんでした。この状態で、裁判をしたら、全部、負けてしまうのではないか、という印象を持ちました。そういう、動かぬ証拠がどれだけあるかを自分なりに調べ、比べてみて、その情報の真偽を測る――。それが重要なのではないか、と思います。

②ときには空気を読まない強さを持つ

望月 私は、敢えて「空気を読まない」強さを持つことも、ときには必要なのではないかな、と思います。

冒頭、森友問題のときのことで触れましたが、疑問を呈することが新聞記者の仕事ですが、官房長官会見でも、その場の空気を読んで、聞かない記者が多くいるわけです。担当

©Yoshiro Sasaki 2018

記者は、朝も夜も政府側の人たちと時間をともに過ごすわけですから、腹のなかではたとえ疑問を持っていたとしても、菅さんたちのことを堂々と批判しづらいという空気が出来上がってしまっています。普通の会社でも、たとえば会議の場で、発言しづらいときのことを思えば、わかるかもしれません。そうしたことで、結局、奥歯に物が挟まったようにしか聞けなくなったりもします。

だから、私は「空気を読まないよね」と言われるわけですが、私自身にも、もちろん、「そうだろうな……」という感覚はあります（笑）。

とはいえ、取材している過程で、「どうしてだろう」ということは必ず浮かんでくるものです。引っかかる事案をいろいろ調べることで、「政府はここを言っていないな、説明していないな」「何か逃げているかな」というのが絶対出てくる。そうなったら、他のことをあまりあれこれ考えずに湧き出てくるものを自然にぶつけることにしています。そう考えると、結局のところ、聞けるか聞けないか、度胸があるかないか、というところに行きついてしまいますね。実際には、質問をしない記者であっても、心のなかでは「これはまずいよな……聞くべきだよなあ」と思っている人は多いはずです。ある意味、私としては、そういう空気を読んで（笑）、「ここはたぶんみんな聞けていないし、聞けないのだろうから、私が聞かなきゃ」という思いで、会見場へ向かっています。

誰かが聞いたら、それに続いて、第二、第三の質問が続く……そういうことは、記者ではなくともみなさん、経験があるのではないでしょうか。だから、口火を切ることの大切さって、あると思うのです。もしかすると、「私は、この役割をしよう」と何か決めておくことで、一歩は踏み出せるのかもしれません。もっとも現在の、戦争が起きるかもしれない……という緊迫した情勢は、（聞くことを）「怯む、怯まない」なんて言ってはいられない状況です。最近のトランプ大統領・安倍首相の、日米首脳会談での発言と、護衛艦の空母化や巡航ミサイル導入など、まさに有事がドドドッと政府によって強引に推し進められています。官邸は、私たち記者が、彼らが明らかにしたくない部分を突いたとしても、方針を変えることもなく、たぶん突き進むと思うんですよ。でも、触れ続けることで、「戦争が近づいている」ということを発信し続けられると思うのです。

古賀流アドバイス

個人が政治を動かす方法

――いまの政治には不満ですが、「どの政治家が選挙で当選しても、あまり変わらないし……」と考えてしまいます。正しく情報を読んで、政治に積極的にかかわる良い方法はありますか？

①選挙には関心を持ち続ける

古賀 日本は民主主義がまだ生きていて、国民にとって最大の武器が選挙であることは、間違いありません。安倍政権も政治家も選挙の結果次第に左右されます。あるいは予定されている選挙に備えて、支持率を気にして、「少なくとも見かけ上は、ちょっとおとなしくしないといけないな」と自制せざるを得なくなることがありますよね。世論を無視した政治をしているようで、実はすごく気にしている面があります。私は、憲法改正にしても、反対の世論が高まれば、「来年の通常国会であまりごり押しするのは危険だし、難しいかもしれないな」とか、結構、重要な政策の推進に大きな影響を与えるところに追い込める可能性があると思っています。

だから、選挙で声を上げることが大事だし、選挙がないときでも、何より大切なことは「関心を持つ」ということではないでしょうか。

また、今のように何回選挙をしても結果が変わらないと、投票に行っても無駄だとなりがちですが、二〇〇九年の政権交代の時を思い出せば、動くときには大きく動くというのが小選挙区制の特徴ですから、とにかく諦めないことです。諦めなければ、その可能性は一〇%くらいはある。諦めたら、それは〇%になってしまうわけです。

②信用できる人を一人か二人見つける

古賀　それからよく、「正しい情報を得る方法はありますか?」と聞かれます。最近のテレビや新聞はどうも信用できないと思っている人が増えているのです。一方、ネットでは膨大な量の情報が取れますが、こちらも、玉石混交。フェイクニュースさえあります。その中から、信頼できる情報を選び出し、それを正しく読み取り深く理解する能力、すなわち、現代流に言えば「リテラシー」ですが、これはものすごく難しいことです。

そのリテラシーを向上させる方法としては、例えば、真面目に、全国紙を全部買って並べて読んで、何が真実なのか考える方法はあるかもしれない。でも、読む時間だって新聞の費用だってかかるし、普通の人には、なかなかできないですよね。僕がよく勧める方法は、「この人は信用できると思う人を見つけてください」ということです。その人が言っていることを聞いてみてください、読んでみてくださいと。それで世の中の流れを理解するのが一番手っ取り早い。

そこで重要になるのが、誰を選ぶかということです。そこは結局、自分の好みになってしまうかもしれませんが、いくつかポイントがあると思います。まず是々非々で書いたり、しゃべったりしているということが大事だと思います。例えば、とにかく安倍政権がやってることだったらすべて否定するという人もいますが、そういう人はあまり信用できません。好き嫌いや党利党略で発信している可能性があります。同じ種類のスキャンダルが起きた時に与党議員だと厳しく批判するのに、野党議員だと見て見ぬふりをするというのも同じです。

それから、チェックして欲しいのは、言っていることの芯がブレていない、という点です。二律背反に見えるかもしれませんが、ブレないというのは、ある考え方に基づいているということ。その人の根本姿勢を知るうえで、大切なことだと思います。定点観測を少しすると、見えてくるのではないでしょうか。もちろん、「安倍が嫌い」ということでブレない、というのは参考にならないから、駄目です（笑）。

私は、あるところで、「古賀さんはブレない人ですね。いつも一貫して、自分に損になることを言い続けている！」と評価していただいたことがあります（笑）。その人の言動を、損得と結びつけて見る、ということも、自分なりの基準を持てることにつながるかもしれません。

©Yoshiro Sasaki 2018

あまり一人だけに頼るのもよくないので、最低二人ぐらい見つけるといいと思います。

また、自分と考えが違う意見の人の言うことも、ときどき聞くこと。

愉快ではないかもしれないけど、でも、冷静に考えて、もしかしたら、この人たちが言っていることにも理があるのではないかと思いながら多様な意見を聞いたり、読んだりすることも大切にして欲しいですね。

③話をする仲間を見つける

古賀　もう一つ大事なことがあります。新聞やネット情報をチェックを日々続けると、知らず知らず、自分の指向にあった人の意見やニュースばかり見るようになるリスクがあることです。そんなとき、リアルの世界で安心して話をできる仲間がいるといいですね。市民活動はそうした場を提供してくれます。しかし、特定の思想を持った人たちが集まることも多いので、こちらの方がもっと凝り固まった思考に陥る可能性もあります。その場合は、もう少し緩やかな議論の場に参加することもいいんじゃないでしょうか。きっかけとしては、シンポジウムや講演会などに行って、近くの人と話をしてみるというのもあります。意外と自由に話ができる友達を見つけることができると思います。

ちなみに、私は、ネットでサロンを開いています。そ

古賀さんがネット「Synapse」（シナプス）で主宰している
時事・政策リテラシー向上ゼミ

の主な目的は、リテラシー向上です。日々のニュースなどについて主に私がリアルタイムで投稿し、会員は、それに意見を言ったり質問したりする。ごく普通のサラリーマンや主婦から会社の経営者、弁護士、ジャーナリストの方などが会員になっています。皆さんとても忙しくて大変だけど、とにかく私の投稿を一所懸命読むだけは読もうという意欲をお持ちの方々が、わざわざかなり高いお金を払って参加されています。先日、そのサロンでオフ会をやったのですが、普段はあまり投稿しないメンバーの方も、会って話してみると、驚くほど視野が広くまた深く物事を見ているんですね。私よりもいいところを見ているなとか、そんなこともたくさんありました。日ごろから関心を持ってニュースを真剣に追い続けていると、それだけでもリテラシーのレベルが非常に高くなるんだなと改めて気づかされました。これ、べつに宣伝しているのではなくて(笑)、一般論として通用することだと思うんですよね。

④経済に関心を持つ

古賀　少し角度が違うんですが、安保、憲法というようなテーマばかりを追わないで、経済のことも見た方がいいと思います。リベラルと言われる人の多くが、経済のことをあまり理解できていないような気がします。でも、社会は、経済で動く部分が非常に大きいというのが現実です。私は、元々経済や産業のプロだったこともあり、今も日本経済新聞は最低限毎日欠かさず読んでいます。朝日と並べると論調は全く違いますが、他の全国紙にない情報がたくさん詰まっています。それを自分なりに解釈する努力をしています。世界の大きな流れも経済を通じて気づくことが多いですね。

⑤政治家に個人献金をしてみる

古賀 それから、政治を動かすうえでお金が大事ということを、もっと意識して欲しいですね。お金の話をすると、すぐに「金権政治」という目で見る人がいますが、それは間違いだと思います。政治には最低限のお金が必要です。

もちろん個人では、大企業に太刀打ちできませんが、個人献金、すなわち経済面で身を削るということは大事だと思います。自分自身のお金を使う、となると誰しも、「自分は、何のためにお金を使うのか?」「この投資は有効か?」と考えるものです。金額は少なくても、意識して行動する、第一歩になると思います。

塵も積もれば山となる。金額は企業に比べれば小さいかもしれないけど、一千万人が一万円出したら、一億でしょう。地元の選挙区でも、そういう形で良い人を応援することが大事です。市民活動では、そこのところが弱い気がします。政党や政治家には要求を出すだけ。

私も、よく選挙に出てくださいと言われますけど、お金の心配なんかまったくしないで暢気なもんだなと思います。政治家になってくださいというのは、全ての収入を捨ててくださいということですからね。そういう要望をするなら、私たちはこれだけの覚悟がありますと言わなければなりません。選挙になったらボランティアで手伝います、では足りないですよね。私たちはお金がないので経済的支援は出来ないと平気で言う。お金集めの努力もしないで。本気になったら、少なくとも数百万円くらいは集められるはずですよ。

政治家の人たちに聞くと、特に企業や組合に頼らずに選挙をしている人は苦しい。逆に言うと、そういう人に市民がポケットマネーから一万円を出して、頑張ってくださいというと、それはもう、心に響くそうですよ。寄付する人が貧しい人だったりしたらなおさらです。よし、この人のために死ぬ気で頑張ろうとなる。そうやって、本気で戦う政治家を作っていくことが大事だと思います。立派な政治家はいないかなと探すのではなく、自分たちが作り育てるんだということですね。

もう一つ、市民団体にお願いしたいのは、自分たちで候補者を立てて欲しいということ。「野党共闘をお願いします」とか、言っているじゃないですか。お願いするのはおかしいでしょう（笑）。結局、自分たちの意中の候補がいないと、しようがないからこれで我慢するかと、なってしまいますから。そうではなくて、私たちがこの人を当選させます。だから、野党共闘の候補にしなさい。お宅の候補より、こちらの候補の方がいいから。もし、できないなら、私たちは、貴方の党の候補者を落としますよ、というくらい主導権を握れたら、いっぺんに日本が変わります。その力が市民にはあるはずです。

⑥テレビや新聞に自分の意見を言う

古賀　一般の人は、自分の意見を言おうとしても誰も聞いてくれないし、影響力も小さいと思いがちです。でも、実は、自分たちの意見を表明するための、いい方法があるんです。それは、マスコミに意見すること。ガンガン電話したり、メールするんです。一般読者は、メディアから情報を一方的に受け取っているだけでなく、それに対してもっとストレートに反応してもいいのではないでしょうか。

右翼の人たちは、すごい勢いでメディアに抗議してます。テレビ局の人たちは、案外、怖がってしまう。だから、その逆も真なり。新聞にいい記事が出ていたら、「がんばれ！」と伝える。逆に、すごく日和っていたら、「おかしいじゃないか！　なぜ、これをやらないのだ」と声を届ける。メディアの人は政府の圧力だけでなく、読者や視聴者の声を大変、重要視しています。それから、広告主やＣＭスポンサーに意見を届けるのも大事ですね。

自分の意見を街頭に立って声に出して言うのは大変勇気がいりますが、匿名でのメールやファックス、電話なら、誰にでもできることです。が、案外、出来ていないことなのかもしれません。ただしそのとき、なるべく丁寧に伝えるようにしてください。その方が、相手も敬意を払って真剣に読んだり聞いたりしてくれます。「ふざけるな！　馬鹿野郎！　なんであんなニュースを流すんだ！」みたいなことを書くと、酔っ払いの戯言と思われてしまうかもしれませんから（笑）。

【全国の主なメディアの読者対応窓口】

新聞社		
社名	住所と宛名（HP記載の場合）	問い合わせ先（電話番号及びメールアドレスなど）
秋田魁新報社	〒010-8601 秋田市山王臨海町1-1 編集局読者交流	☎ 018-888-1818
朝日新聞西部本社	〒803-8586 北九州市小倉北区室町1-1-1	☎ 0570-05-7616（お客様オフィス）
朝日新聞大阪本社	〒530-8211 大阪市北区中之島2-3-18	
朝日新聞東京本社	〒104-8011 中央区築地5-3-2	
朝日新聞北海道支社	〒060-8602 札幌市中央区北2条西1-1-1	
朝日新聞名古屋本社	〒460-8488 名古屋市中区栄1-3-3	
伊勢新聞社	〒514-0831 津市本町34-6　編集局	☎ 059-224-0005（編集局 報道部） http://www.isenp.co.jp/ お問い合わせ /
茨城新聞社	〒310-8686 水戸市笠原町978-25 編集局	☎ 029-239-3020 i-net@ibaraki-np.co.jp
岩手日日新聞社	〒021-8686 一関市南新町60	☎ 0191-26-5114（総務部） https://www.iwanichi.co.jp/contact-iw/
岩手日報社	〒020-8622 盛岡市内丸3-7	☎ 019-654-1208（読者センター） dokusya@iwate-np.co.jp
宇部日報社	〒755-8543 宇部市寿町2-3-17　編集局	☎ 0836-31-1511 kiji@ubenippo.co.jp
愛媛新聞社	〒790-8511 松山市大手町1-12-1	☎ 089-935-2111（代表） webmaster@ehime-np.co.jp
大分合同新聞社	〒870-8605 大分市府内町3-9-15	☎ 097-536-2121（オフィス） https://www.oita-press.co.jp/inquiry
大阪日日新聞	〒531-0071 大阪市北区中津6-7-1	☎ 06-6454-1101（代表） osaka@nnn.co.jp
沖縄タイムス社	〒900-8678 那覇市久茂地2-2-2	☎ 098-860-3663（読者センター） dokusha@okinawatimes.co.jp
神奈川新聞社	〒231-8445 横浜市中区太田町2-23 読者相談室	☎ 045-227-0090 https://www.kanaloco.jp/company/contact_inquiry
河北新報社	〒980-8660 仙台市青葉区五橋一丁目2-28 河北新報社読者相談室	☎ 022-211-1447 dokusya@shimotsuke.co.jp　https://f.msgs.jp/webapp/form/14418_oiv_190/index.do
紀伊民報社	〒646-8660 田辺市秋津町100	☎ 0739-22-7171
北日本新聞社	〒930-0094 富山市安住町2-14	☎ 076-445-3568
岐阜新聞社	〒500-8577 岐阜市今小町10	☎ 058-264-1151（代表）

京都新聞社	〒604-8577 京都市中京区烏丸通夷川上ル少将井町239	☎ 075-241-5421（読者応答室）
釧路新聞社	〒085-8650 釧路市黒金町7-3	☎ 0154-22-1111（総務局） info@news-kushiro.jp
熊野新聞社	〒647-0045 和歌山県新宮市井の沢3-6	☎ 0735-22-8325（記者室）
熊本日日新聞社	〒860-8506 熊本市中央区世安町172	☎ 096-361-3115 https://kumanichi.com/general/contact/
高知新聞社	〒780-8572 高知市本町3-2-15	☎ 088-822-2111（代表）
神戸新聞社	〒650-8571 神戸市中央区東川崎町1-5-7	☎ 078-362-7100（代表） webmaster@po1.kobe-np.co.jp
埼玉新聞社	〒331-8686 さいたま市北区吉野町2-282-3	☎ 048-795-9161 desk@saitama-np.co.jp
佐賀新聞社	〒840-8585 佐賀市天神3-2-23	☎ 0952-28-2116（読者センター）
山陰中央新報社	〒690-8668 松江市殿町383 山陰中央ビル 編集局　読者室	☎ 0852-32-3333 https://www.sanin-chuo.co.jp/form/dokusha_toiawase.html
産経新聞大阪本社	〒556-8660 大阪市浪速区湊町2-1-57 読者サービス	☎ 06-6633-9066 o-dokusha@sankei.co.jp
産経新聞東京本社	〒100-8077 千代田区大手町1-7-2 読者サービス	☎ 0570-046460（読者サービス／東京） E メール：u-service@sankei.co.jp
山陽新聞社	〒700-8634 岡山市北区柳町2-1-1 読者センター	☎ 086-803-8000 https://business.form-mailer.jp/fms/5b3738fb29927
四国新聞社	〒760-8572 高松市中野町15-1 読者相談室	☎ 087-833-5552
静岡新聞社	〒422-8170 静岡市駿河区登呂3-1-1	フリーダイヤル 0120-439-817 （読者ホットライン）
信濃毎日新聞社	〒380-8546 長野市南県町657 編集応答室	☎ 026-236-3111 https://nano.shinmai.co.jp/entry/input/?form_d=F000000005
下野新聞社	〒320-8686 宇都宮市昭和1-8-11	☎ 028-625-1111
荘内日報社	〒997-0035 鶴岡市馬場町8-29	☎ 0235-22-1480 http://www.shonai-nippo.co.jp/cgi/form/contact.cgi
上毛新聞社	〒371-8666 前橋市古市町1-50-21	☎ 027-254-9922（編集局） houdou@jomo-news.co.jp
新日本海新聞社	〒680-8688 鳥取市富安2-137	☎ 0857(21)2888（代表） info@nnn.co.jp
千葉日報社	〒260-0013 千葉市中央区中央4-14-10 販売局読者サービス室	☎ 043-227-4654 chibatopi@chibanippo.co.jp
中国新聞社	〒730-8677 広島市中区土橋町7-1	☎ 082-236-2455（読者広報部） dokusha@chugoku-np.co.jp
中日新聞社	〒460-8511 名古屋市中区三の丸1-6-1	☎ 052-201-8811（代表） center@chunichi.co.jp

中日新聞北陸本社	〒920-8573 金沢市駅西本町2-12-30	☎ 076-261-3111（代表） https://cgi.chunichi.co.jp/form/index.php?enquete_id=508
デーリー東北新聞社	〒031-0072 八戸市城下2-4-4 編集局 読者広報室	☎ 0178-44-5111（代表） kouhou@daily-tohoku.co.jp
東京新聞	〒100-8505 千代田区内幸町2-1-4	☎ 03-6910-2201（読者部）
十勝毎日新聞社	〒080-8688 帯広市東1条南8-2	☎ 0155-22-2121（代表） center@kachimai.co.jp
徳島新聞社	〒770-8572 徳島市中徳島町2-5-2	☎ 088-655-7370（読者室）
苫小牧民報社	〒053-0052 苫小牧市新開町4-2-12 苫小牧読者センター	☎ 0144-32-5313（編集局） henshu@tomamin.co.jp
長崎新聞社	〒852-8601 長崎市茂里町3-1	☎ 095-844-2111（代表）
長野日報社	〒392-8611 諏訪市高島3-1323-1	☎ 0066-5-2000（編集局）
奈良新聞社	〒630-8686 奈良市法華寺町2-4 情報ホットライン	☎ 0742-32-1000（代表） opinion@nara-np.co.jp
南海日日新聞社	〒894-8601 奄美市名瀬長浜町10-3	☎ 0997-53-2127（編集局） http://www.nankainn.com/contact
新潟日報社	〒950-8535 新潟市中央区万代3-1-1	☎ 025-385-7300（読者応答係） https://www.niigata-nippo.co.jp/inquiry/contact/
西日本新聞社	〒810-8721 福岡市中央区天神1-4-1	☎ 092-711-5331（お客さまセンター）
日本経済新聞社	〒100-8066 千代田区大手町1-3-7	☎ 03(3270)0251（代表）
福井新聞社	〒910-8552 福井市大和田2-801	☎ 0776-57-5111（代表） https://www.fukuishimbun.co.jp/list/secure/form?code=WD-2017-0023
福島民報社	〒960-8602 福島市太田町13-17	☎ 024-531-4111（代表） http://www.minpo.jp/contact/goiken.php
福島民友新聞社	〒960-8648 福島市柳町4-29	フリーダイヤル 0120-353202（読者センター）
北海道新聞社	〒060-8711 札幌市中央区大通西3-6	☎ 011-210-5888（読者センター） https://www.hokkaido-np.co.jp/form/12/
北國新聞社	〒920-8588 金沢市南町2-1	☎ 076-260-3504（代表）
毎日新聞東京本社	〒100-8051 千代田区一ツ橋1-1-1 毎日新聞お客様センター ※全国版記事は東京本社へ、地方の記事はそれぞれの社へ。	☎ 050-5833-9040（愛読者センター）
毎日新聞西部本社	〒802-8651 北九州市小倉北区紺屋町13-1 購読相談室	☎ 050-5833-9040（愛読者センター）
毎日新聞北海道支社	〒060-8643 札幌市中央区北四条西6-1	☎ 050-5833-9040
毎日新聞中部本社	〒450-8651 名古屋市中村区名駅4-7-1	☎ 050-5833-9040（愛読者センター）

毎日新聞大阪本社	〒530-8251 大阪市北区梅田3-4-5	☎ 06-6345-1551
南信州新聞社	〒395-0152 飯田市育良町2-2-5	☎ 0265-22-3734（代表）
南日本新聞社	〒890-8603 鹿児島市与次郎1-9-33	☎ 099-813-5110（読者センター）
宮崎日日新聞社	〒880-8570 宮崎市高千穂通1-1-33 読者室	☎ 0985-26-9304
宮古毎日新聞社	〒906-0012 宮古島市平良字西里337	☎ 0980-72-2343 miyako-m@miyakomainichi.co.jp
陸奥新報社	〒036-8356 弘前市下白銀町2-1	☎ 0172-34-3111（代表）
室蘭民報社	〒051-8550 室蘭市本町1-3-16	☎ 0143-22-5121（代表） info@muromin.co.jp
八重山毎日新聞	〒907-0004 石垣市字登野城614　編集部	☎ 0980-82-2122
山形新聞社	〒990-8550 山形市旅篭町2-5-12	☎ 023-622-5666（読者センター） info@yamagata-np.jp
みなと山口合同新聞社	〒750-0066 下関市東大和町1-1-7	☎ 083-266-3211 yedit@minato-yamaguchi.co.jp
山梨日日新聞社	〒400-8515 甲府市北口2-6-10　広報室	☎ 055-231-3025
読売新聞大阪本社	〒530-8551 大阪市北区野崎町5-9 読者センター	☎ 06-6363-7000
読売新聞西部本社	〒810-8581 福岡市中央区赤坂1-16-5 読者センター	☎ 092-715-4462
読売新聞東京本社	〒100-8055 千代田区大手町1-7-1	☎ 03-3246-2323（読者センター）
琉球新報社	〒900-8525 那覇市天久905 読者相談室	☎ 098-865-5656
テレビ局		
NHK	〒150－8001（住所は不要） NHK放送センター「○○○」行 ※○○○には番組名か部署名	☎ 0570-066-066（NHK ふれあいセンター） ☎ 050-3786-5000（IP 電話などナビダイヤルが利用できない場合）
TBS	〒107-8066 東京都港区赤坂5-3-6 TBS『番組名』宛	☎ 03-3746-6666
日本テレビ	〒105-7444 東京都港区東新橋一丁目6-1 日本テレビ　視聴者センター部	☎ 03-6215-4444（視聴者センター）
フジテレビ	〒137-8088 東京都港区台場2-4-8 フジテレビ「（番組名）」係	☎ 03-5531-1111（視聴者センター）
テレビ朝日	〒106-8001 港区六本木6-9-1	☎ 03-6406-5555（視聴者窓口）
テレビ東京	〒106-8007 東京都港区六本木3-2-1 六本木グランドタワー	☎ 03-6632-7777 （代表より視聴者センターへ）

さいごに

私が、望月衣塑子さんと初めて会ったのは、二〇一四年一二月のことだ。私は、その年の九月に出版した『国家の暴走』（角川新書）のなかで「ＯＤＡで外国軍を支援」という項目を挙げた。武器輸出にＯＤＡ（経済協力）を使うのではないかということだ。望月さんは、政府内でその検討が進められているという情報を得て、私にコメントを求めてきた。そのコメント掲載が一度は止められたが、望月さんの粘り腰で後に掲載までこぎつけた。その時の彼女の使命感に燃えた働きは驚きだった。それ以来、望月さんは私が最も敬愛するジャーナリストの一人となった。それから三年。今や、国民に最も期待される記者となった望月さんだが、それは決して偶然ではなく、なるべくしてなったということだ。

望月さんの活躍は、一方で、現在の日本のマスコミの問題を浮き彫りにした。それについては、本書の中でも議論した通りだ。

私が、『報道ステーション』で今日のマスコミの問題に警鐘を鳴らしたのが、二〇一五年三月二七日だったが、その後も本質的には状況に変化はない。

本書の終わりに、私は二つの言葉を引用したい。最初はガンジーの言葉だ。二〇一一年に経産省を退職して以降、どの組織にも属さずに自分の考えを発信して来た私がこの言葉に出合ったのは、確か二〇一四年だった。『報道ステーション』でも、日本中のマスコミ関係者に伝えたくて、わざわざフリップを作って紹介した。ちなみに、望月さんも近著『新聞記者』（角川新書）のあとがきで紹介している。彼女は、日々この言葉を実践しているのだと思う。

「あなたがすることのほとんどは無意味であるが、それでもしなくてはならない。そうしたことをするのは、世界を変えるためではなく、世界によって　自分が変えられないようにするためである」

そして、もう一つの言葉。

「政治の役割は二つあります。一つは国民を飢えさせないこと。安全な食べ物を食べさせること。もう一つは、これが最も大事です。絶対に戦争をしないこと」

二〇一四年一一月一日、菅原文太さんの沖縄県知事選挙での演説だ。一言、一言、ゆっくり訴え、人々に深い感動を与えた。この言葉を聞いた私は、この言葉の実現のためにこそ、私たちはたゆまず歩み続けなければならないと気持ちを奮い立たせられた。文太さんはそれから間もなく亡くなられた。

戦後七〇年間、日本の国民は、絶対に戦争をしないという固い決意をもって生きてきた。政府も軍事費には極力お金をかけず、必死に働く国民に支えられて未曾有の経済発展を実現した。国は富み、国民も豊かになり、戦争の恐怖とは無縁の生活を享受してきた。太平洋戦争で多くの命を失い、戦後食べるものもない荒廃を経験したことによって得た教訓を忠実に生かしてきたのだ。

この教訓は、菅原文太さんの言葉そのものではないか。

一方の安倍政権。アベノミクスは名ばかり。既得権と闘えず改革できない。世界の中で日本経済の地位は下がるばかり。国民は気づいていないが、先々の国民の生活の糧が奪われる恐れが高まっている。

そして、明日にも北朝鮮との戦争に突入しそうな危機的状況。

これらは、明らかに、二つの国家の責任を放棄することではないのか。残された時間は少ない。何とかしてこれを止めて、新たな流れを作ることが必要だ。そして、その重い責任は、私たち一人一人にあることを忘れてはならない。

追記

今回、望月さんとの対談相手として私を選んでいただいたのは、本当に光栄なことでした。最初に発案し、カメラマンさらには編集者としても活躍された佐々木芳郎さんと、企画と編集に多大の労をとられた原田富美子さんのお二人に、心から感謝申し上げます。

二〇一七年一二月二五日

古賀茂明

【おもな引用文献・参考資料一覧】

■書籍・冊子
『加計学園創立五十周年記念誌』加計学園（加計学園）
『加計学園グループの挑戦　先賢の志で切り開いた私学教育の道』鶴蒔靖夫（IN 通信社）
『政治家の覚悟　官僚を動かせ』菅義偉（文藝春秋企画出版部）
『日本再生と道徳教育』渡部昇一，梶田叡一，岡田幹彦，八木秀次（モラロジー研究所）
『安倍晋三　沈黙の仮面　その血脈と生い立ちの秘密』野上忠興（小学館）
『「私」を生きる』安倍昭恵（海竜社）
『安倍晋三「迷言」録　政権・メディア・世論の攻防』徳山喜雄（平凡社新書）
『安倍政権にひれ伏す日本のメディア』マーティン・ファクラー（双葉社）
『日本国憲法　9条に込められた魂』鉄筆（鉄筆文庫）
『偽りの保守・安倍晋三の正体』岸井成格，佐高信（講談社＋α新書）
『安倍でもわかる政治思想入門』適菜収（KK ベストセラーズ）
『安倍でもわかる保守思想入門』適菜收（KK ベストセラーズ）
『巨悪対市民　今治発！加計学園補助金詐欺事件の真相』黒川敦彦（モリカケ共同追及プロジェクト）
■新聞
読売新聞「首相インタビュー　憲法改正 20 年施行目標」2017 年 5 月 3 日号
朝日新聞「新学部『総理の意向』　加計学園計画　文科省に記録文書」2017 年 5 月 17 日号
読売新聞「前事務次官　出会い系バー通い　文科省在職中　平日夜」2017 年 5 月 22 日号
毎日新聞「『怪文書』菅氏の誤算　『鉄壁ガースー』決壊」2017 年 6 月 18 日号
しんぶん赤旗「首相と加計氏の食事・ゴルフ　申請前の第 1 次内閣 0 回なのに第 2 次 16 回　申請後に急増」2017 年 7 月 30 日号
読売新聞　全面広告「学校法人加計学園　岡山理科大学　新しい獣医学部、誕生！」2017 年 11 月 18 日号
■雑誌
月刊 WiLL「自民党新人大討論 2 『闘う政治家』こそ待望のリーダーだ！」司会・稲田朋美（ワック・マガジンズ）2006 年 10 月号
週刊金曜日「地元の政財界と事件の“下半身”　道徳利権共同体の“宿便”たる小学校建設」野中大樹（金曜日）2017 年 4 月 7 日号
週刊現代「安倍首相の『本当のお友達』に、こうして血税 176 億円が流れた」（講談社）2017 年 4 月 15 日号
FLASH「昭恵夫人からの寄付に、職員室で歓声が沸きました」（光文社）2017 年 4 月 11 日号
週刊文春「安倍夫妻『腹心の友』加計学園に流れた血税 440 億円！」（文藝春秋）2017 年 4 月 27 日号
文藝春秋「安倍首相『腹心の友』の商魂」森功（文藝春秋）2017 年 5 月号
週刊文春「下村博文元文科相『加計学園から闇献金 200 万円』」（文藝春秋）2017 年 7 月 6 日号
週刊朝日「自民党・逢沢一郎議員の親族企業が加計の獣医学部建設を高額受注」（朝日新聞出版）2017 年 7 月 14 日号
文藝春秋「加計学園疑惑　下村ルートの全貌」森功（文藝春秋）2017 年 8 月号
月刊世界「壊れる論戦　国会の『質』を問う選挙」南彰（岩波書店）2017 年 11 月号
■公式文書
東京都教育委員会　通達「入学式、卒業式等における国旗掲揚及び国歌斉唱の実施について」2003・10・23
東京都教育委員会　通達「入学式、卒業式等における国旗掲揚及び国歌斉唱の指導について」2006・3・13
大阪府私立学校審議会　平成 26 年 12 月定例会　議事録 2014・12・18
大阪府私立学校審議会　臨時会　議事録 2015・1・27
財務省近畿財務局　第一二三回国有財産近畿地方審議会　議事録 2015・2・10
首相官邸 HP「第百八十九回国会における安倍内閣総理大臣施政方針演説」2015・2・12
今治市議会　会議録 2017・3・3
衆議院文部科学委員会　会議録 2017・3・8
参議院予算委員会　会議録　「学校法人森友学園に対する国有地売却等に関する問題について」（籠池泰典氏証人喚問）2017・3・23 午前
衆議院予算委員会　会議録　「学校法人森友学園に対する国有地売却等に関する問題」（籠池泰典氏証人喚問）2017・3・23 午後
大阪府議会定例本会議　議事録　「瑞穂の國記念小學院に関する件」（梶田叡一氏参考人招致）2017・3・23
内閣府「自衛隊・防衛問題に関する世論調査」2017・3
参議院決算委員会　会議録 2017・6・5

大阪府議会臨時本会議　「瑞穂の國記念小學院に関する一連の事案の件」（籠池泰典氏参考人招致）2017・7・10
衆議院予算委員会閉会中審議　会議録 2017・7・24
アメリカ議会調査局「北朝鮮の核開発：議会への軍事的選択肢と提言」2017・10・27
世界銀行「ビジネス環境ランキング」2017・11・1
IMF（国際通貨基金）G20 各国人口ひとり当たり名目 GDP 国際比較統計
総務省 HP「憲法改正国民投票法」
内閣府 HP「国家戦略特区」
大阪府「大阪府私立小学校及び中学校の設置認可等に関する審査基準」
大阪府「私立学校審議会について」
大阪府 HP 「知事の日程」
■政策パンフレット
漫画「ほのぼの一家の憲法改正ってなあに？」（自由民主党）2017・4
■平成 29 年 6 月 15 日　文部科学省　配付資料
国家戦略特区における獣医学部新設に係る文書に関する追加調査（報告書）
①獣医学部新設に係る内閣府からの伝達事項②義家副大臣レク概要（獣医学部新設）③大臣ご指示事項④義家副大臣のご感触⑤大臣ご確認事項に対する内閣府の回答⑥ 10/4 義家副大臣レク概要⑦ 10/7 萩生田副長官ご発言概要⑧ 10 月 19 日(水) 北村直人元議員⑨藤原内閣審議官との打ち合わせ概要(獣医学部新設) (9 月 26 日) ⑩今後のスケジュール（イメージ）⑪「先端ライフサイエンス研究や」から始まる修正案⑫ 11 月 8 日に文科省内でやり取りされたとされるメール⑬加計学園への伝達事項⑭⑫メール（⑬文書付き）（11 月 8 日）⑮メール（⑨文書付き）（9 月 27 日）⑯第 25 回国家戦略特別区域諮問会議の開催について⑰松野文部科学大臣ご発言メモ（国家戦略特別区域諮問会議 11 月 9 日）⑱第 25 回国家戦略特別区域諮問会議発言・資料確認用紙（山本農林水産大臣）⑲国家戦略特区（獣医学部新設）に係る想定問答
■記者会見資料
「谷査恵子氏から籠池泰典氏あてのファクス」籠池泰典氏記者会見　外国人特派員協会　2017・3・23
■デジタルメディア
東京弁護士会 HP 「教育基本法『改正』法案に反対し、廃案を求める会長声明」2006・5・18
安倍昭恵　Facebook　2013・4・7
はぎうだ光一の永田町見聞録「GW 最終日」2013・5・10
朝日新聞 DIGITAL「センセイの副業、人気は『先生』　国会議員の所得公開」2013・7・1
産経ニュース　「安倍首相、国会開会中の平日に異例の大阪市訪問　橋下氏との友好アピール」2015・9・4
安倍昭恵　Facebook　2015・9・5
安倍昭恵　Facebook　2015・12・24
日刊ゲンダイ（@ nikkan_gendai）Twitter　2017・2・24
古賀茂明 @ フォーラム 4（@ kogashigeaki）Twitter　2017・2・24
松井一郎 (@gogoichiro)Twitter　2017・2・25
上西小百合（@uenishi_sayuri）Twitter　2017・2・25
毎日新聞（web 版）「森友学園　近畿財務局『校内で廃棄物処分を』」2017・3・6
日刊ゲンダイ DIGITAL 「森友問題を最初に追及　木村真市議が語った『疑惑の端緒』」2017・3・16
YOMIURI ONLINE「JR 東海名誉会長、面談せず　籠池発言を否定」2017・3・23
安倍昭恵　Facebook　2017・3・23
ブログ　郷原信郎が斬る「昭恵夫人 Facebook コメントも " 危機対応の誤り " か」2017・3・25
籠池佳茂（@ YOSHISHIGEKAGO1）Twitter　2017・3・31 ＜削除済み＞
産経ニュース　「籠池氏、自宅仮差し押さえ　工事代金未払いで施工業者が提訴へ」2017・4・3
アキエリークス HP「安倍昭恵講演会フルテキスト」菅野完　2017・4・10
日刊建設通信新聞「加計学園　岡山理科大今治キャンパス 1 期　大本、アイサワで着工」2017・4・11
シンポジウム報告集「第 41 回メディアを考えるつどい　政府とメディアの森友学園事件幕引き許さない！」2017・6・10
産経ニュース「日大総長『加計にろくな教育できっこない』　愛媛知事『じゃあ、あなた作ってくれるか？』」2017・7・19
石破茂オフィシャルブログ「抑止力の向上など」 2017・9・15
籠池佳茂　Facebook　2017・10・31
新聞各社　首相動静
学校法人加計学園 HP
日本会議 HP

©Yoshiro Sasaki 2018

●古賀茂明（こが・しげあき）
1955年、長崎県生まれ。1980年東京大学法学部を卒業後、通商産業省（現・経済産業省）に入省。大臣官房会計課法令審査委員、産業組織課長、OECDプリンシパル・アドミニストレーター、産業再生機構執行役員、経済産業政策局課長、中小企業庁経営支援部長などを歴任。2008年国家公務員制度改革推進本部事務局審議官に就任し、急進的な改革を次々と提議。2011年3月の東日本大震災と福島第一原子力発電所の事故を受け、日本で初めて東京電力の破綻処理策を提起。その後、経産省から退職を勧告され辞職。2011年、大阪府市エネルギー戦略会議副会長として脱原発政策を提言。著書は『日本中枢の崩壊』『日本中枢の狂謀』（講談社）、『官僚の責任』（PHP新書）、『国家の共謀』（角川新書）他。

©Yoshiro Sasaki 2018

●望月衣塑子（もちづき・いそこ）
1975年、東京都生まれ。東京新聞社会部記者。慶應義塾大学法学部卒業後、東京新聞に入社。千葉、横浜、埼玉の各県警、東京地検特捜部などで事件を中心に取材する。2004年、日本歯科医師連盟のヤミ献金疑惑の一連の事実をスクープし、自民党と医療業界の利権構造の闇を暴く。また2009年には足利事件の再審開始決定をスクープする。東京地裁・高裁での裁判担当、経済部記者などを経て、現在は社会部遊軍記者。防衛省の武器輸出政策、軍学共同などをメインに取材。森友・加計疑惑で菅官房長官に斬り込み、これを契機に追求が加速し話題を集める。二児の母。趣味は子どもと遊ぶこと。著書は『武器輸出と日本企業』『新聞記者』（角川新書）。2017年12月、平和・協同ジャーナリスト基金賞奨励賞を受賞。

『THE《ザ》 独裁者《どくさいしゃ》』

2018年2月10日　初版第1刷発行

著者　古賀茂明《こがしげあき》　望月衣塑子《もちづきいそこ》
発行者　栗原武夫
発行所　KK ベストセラーズ
〒170-8457
東京都豊島区南大塚 2-29-7
電話 03-5976-9121
http://www.kk-bestsellers.com/
印刷所　近代美術株式会社
製本所　株式会社積信堂
DTP　ドットスタジオ、有限会社グリップ
編集協力　佐々木芳郎
校正　株式会社ヴェリタ

定価はカバーに表示してあります。
乱丁、落丁本がございましたら、お取り替えいたします。

ISBN　978-4-584-13840-3 C0095

装丁　フロッグキングスタジオ
撮影　佐々木芳郎
漫画　ぼうごなつこ